CORÉE DU SUD

CORÉE DU SUD
Le goût du miracle

Sébastien Falletti

ISBN 978-2-87523-196-3
Dépôt légal : mars 2022
D/2022/9594/5

Deuxième édition (première édition 2016)

Éditions Nevicata
13, avenue du Geai
B-1170 Bruxelles
info@editionsnevicata.be
www.editionsnevicata.be

Ce livre est également disponible en version numérique.

CORÉE DU SUD
Le goût du miracle

Sébastien Falletti

N*
COLLECTION
L'ÂME DES PEUPLES

L'ÂME DES PEUPLES

Une collection dirigée par Richard Werly

Signés par des journalistes ou écrivains de renom, fins connaisseurs des pays, métropoles et régions sur lesquels ils ont choisi d'écrire, les livres de la collection *L'âme des peuples* ouvrent grandes les portes de l'histoire, des cultures, des religions et des réalités socio-économiques que les guides touristiques ne font qu'entrouvrir.

Ponctués d'entretiens avec de grands intellectuels rencontrés sur place, ces riches récits de voyage se veulent le compagnon idéal du lecteur désireux de dépasser les clichés et de se faire une idée juste des destinations visitées. Une rencontre littéraire intime, enrichissante et remplie d'informations inédites.

Précédemment basé à Bruxelles, Genève, Tokyo et Bangkok, Richard Werly est le correspondant permanent à Paris et Bruxelles du quotidien suisse *Le Temps*.

Retrouvez et suivez *L'âme des peuples* sur
www.editionsnevicata.be
(@amedespeuples)
(@amedespeuples)
(amedespeuples)

Pour mes parents,
qui m'ont donné le goût
d'aller au loin.

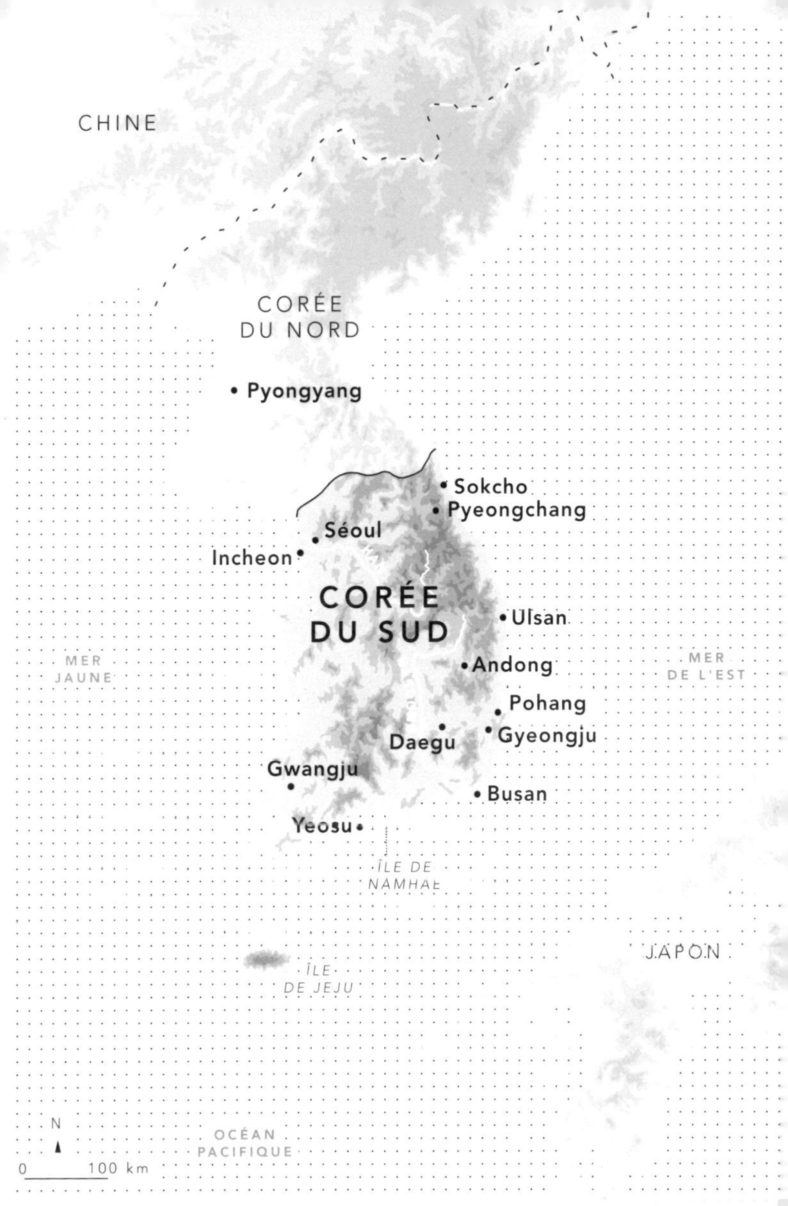
CHINE
CORÉE
DU NORD
Pyongyang
Sokcho
Pyeongchang
Séoul
Incheon
CORÉE
DU SUD
Ulsan
Andong
Pohang
Gyeongju
Daegu
Gwangju
Busan
Yeosu
ÎLE DE
NAMHAE
MER
JAUNE
MER
DE L'EST
JAPON
ÎLE
DE JEJU
OCÉAN
PACIFIQUE
N
0
100 km

AVANT-PROPOS

Pourquoi la Corée du Sud ?

Avant de décoller pour Séoul, mes camarades journalistes m'avaient mis en garde, un brin inquiets pour mon avenir. « Qu'est-ce que tu vas aller faire en Corée ? » m'avait lancé Jean Quatremer, chevronné correspondant de *Libé* à Bruxelles, en employant un terme moins châtié. Je quittais la veille Europe, un boulot, des amis, ma famille pour une *péninsule* inconnue, *à la réputation* grise et industrieuse. *« Corée du Nord ? ou du* Sud ? » telle était la question rituelle. Dans ces années 2000, Pyongyang la stalinienne *résonnait vaguement dans* l'inconscient occidental, mais Séoul était un angle mort de cette Asie lointaine, qui me hante depuis l'enfance, et mon choix de m'installer là-bas, jetant par-dessus bord ma carrière européenne, paraissait incongru. Moi-même je m'étais réveillé l'angoisse au ventre le premier matin dans cette mégalopole, aux massifs gratte ciel crachant des volutes de vapeur blanche sous le soleil glacé de janvier, et où je ne connaissais personne. Allais-je survivre dans cet Orient Extrême ? *J'étais suffoqué* par les -15°, et les mystères indéchiffrables de cette cité tentaculaire.

Aujourd'hui, difficile de croire que Séoul était alors terra incognita, à l'heure ou la série *Squid Game* bat les records sur Netflix, et le groupe BTS domine les charts, consacrant la métamorphose stupéfiante du « pays du matin frais » en nouvel aimant de la pop culture planétaire. En une décennie, la « vague coréenne » a déferlé sur le monde, portée par les fans de K-pop, ou le triomphe aux oscars du film *Parasite*. La Corée du Sud déploie désormais sans complexe son *soft power*, ringardisant sa rivale du Nord, imposant les tendances, attirant les plus grandes marques sur les avenues rutilantes du quartier de Cheongdam. Armé de la toute-puissance de You tube, le « rêve coréen » conquiert la génération Z planétaire à Paris, Bangkok ou Los Angeles, dans un torrent de chorégraphies, remplaçant l'*american dream* de leurs aïeux, et offrant une nouvelle frontière à une jeunesse ultra-connectée.

Et pourtant, cette farouche péninsule hérissée de montagnes altières a longtemps fait figure « d'étrangeté » aux yeux des rares voyageurs occidentaux qui l'avaient arpenté au cours des siècles, gagnant le surnom de « royaume ermite » sous la dynastie Joseon. Une « chambre close » selon Nicolas Bouvier, effleurant les mystères bien gardés de ce pays Finisterre, seul en Asie orientale, à avoir échappé au joug colonial occidental, avec le Japon, et le Royaume du Siam, toujours accroché à ses « codes enfouis », avais-je rappelé dans la première édition de ce livre, publié en 2016. Il y a une éternité.

Inconnue à l'orée du siècle, la Corée du Sud s'est fait un nom, grâce aux téléphones Samsung, ou voitures Hyundai, et conquiert maintenant nos imaginaires surfant sur ses idoles, et sa gestion diligente de la pandémie de Covid. Nation tellurique, parsemée d'usines fumantes, et hérissée de pics vertigineux où se blottissent des temples paisibles, cette pointe oubliée de l'Asie aimante désormais les voyageurs assoiffés d'avenir.

D'où vient cette métamorphose soudaine ? Le pays du matin calme et des nuits agitées colle à notre époque, nous interpellant comme un coup de poing surgi d'un film de Park Chan Wook. Comme un précipité de notre modernité, un tube à essai grandeur nature des contradictions qui hantent le vingt et unième siècle. Ultra-connectée, impatiente, matérialiste, elle est aussi mélodramatique, passant allègrement du drame au mièvre. Obsédée par l'apparence, elle remix des valeurs traditionnelles *séculaires*, mariant le nihilisme *à* la foi du charbonnier, proclamant l'entrée dans un monde post-occidental, résolument technologique. La Corée du Sud est le reflet aguichant, parfois surjoué, des interrogations vertigineuses de notre temps, amplifiées par ses dramas, films et artistes. Un cocktail de désirs qui s'entrechoquent, de contradictions, puisant son énergie insondable dans les blessures de l'histoire, pour se projeter vers l'avenir, coûte que coûte. Mais, derri*ère les succès et le look tendance des BTS*, se camoufle toujours le carcan confucéen d'une société régimentée, *à la hiérarchie* longtemps implacable et que les nouvelles générations, en particulier les femmes, tentent de contourner, parfois par l'exil.

Une nouvelle fois, j'ai été pris de court par le volontarisme chevillé au corps de cette jeune démocratie de 50 millions d'habitants, tuméfiée par l'Histoire, dont la sanglante guerre de Corée, qui fit 3 millions de morts, et déchire toujours ce peuple à fleur de peau. La quatrième économie d'Asie vit chaque jour comme sa dernière chance, toujours en embuscade pour surfer sur la prochaine vague, dans une fuite en avant étourdissante. Des traumatismes de l'histoire, elle puise son énergie, animée par un instinct de survie viscéral que n'a pas émoussé l'accession à la prospérité, la propulsant vers demain, au nom du primat de la volonté. Au risque de piétiner son passé, comme les vieux quartiers de *hanoks* (maison traditionnelle) détruit par les bulldozers, où les rides effacées au bistouri, dans les cliniques de chirurgie esthétique d'Apgujeong.

L'énergie des Coréens est communicative et vous emporte, parfois jusqu'à l'épuisement. Elle aiguillonne votre vie à défaut de lui donner un sens. Elle ne laisse pas indemne. Après avoir désaxé ma boussole d'Occidental, la Corée du Sud m'a appris la force des liens tissés, défiant le temps, la distance et l'amertume. La puissance du *jeong*, ce capital mystérieux qui relie les êtres au fil des jours, précieuse ressource pour traverser l'existence.

Venir en Corée, c'est découvrir une histoire enfouie, mais aussi un plaisir des sens. Gober des ciels azur immenses, suer dans des bains brûlants ou sur des sentiers de randonnée ardus, comme connaître la délivrance de l'ivresse, puis l'âpreté vitale de l'existence, au réveil. C'est déguster goulûment une cuisine aussi infinie que relevée, la paix de la montagne comme la frénésie de la foule, agitée de néons fluorescents et de musique trépidante. Un kaléidoscope incessant d'émotions brutes, qui vous propulse vers demain, coûte que coûte, à un rythme *pali pali* (vite vite).

Le goût du miracle

J'avais sauté dans un vol de nuit KLM, destination Séoul. Et j'ai atterri sur la lune. À l'heure du petit-déjeuner ensommeillé, les eaux grises de la mer Jaune ont miroité sous les nuages, puis des îles rocheuses et verdoyantes, ajoutant au mystère. Enfin, le 747 s'est posé sur l'une d'elles, une immense plaine dépeuplée, surmontée d'une tour de contrôle solitaire, et plus loin un terminal aux lignes futuristes. L'aéroport d'Incheon, régulièrement élu le meilleur du monde, est la porte d'entrée high-tech de cette « île » qui ne dit pas son nom.

La Corée du Sud est coupée de l'Eurasie par les barbelés et les mines de la DMZ, la frontière la plus militarisée au monde, qui court à quelques kilomètres au nord des pistes d'atterrissage et déchire la péninsule le long du 38e parallèle de façon hermétique depuis 1953[1]. De nuit, les images satellites dévoilent un tentacule de lumière orange s'étendant de la capitale Séoul, dans un océan d'obscurité, marqué par les mers à l'est, à l'ouest et au sud de Busan, la seconde ville du pays. Au nord, ce noir à peine tacheté de pâles lueurs jaunes à Pyongyang est celui de la Corée du Nord, sœur jumelle

1 La *Demilitarized Zone* (DMZ) a été créée le 23 mars 1953, lors de la signature de l'armistice de Panmunjeom, qui met fin aux combats de la guerre de Corée. C'est un no man's land de 4 km de large et 238 km de long, truffé de mines.

barricadée, qui hante toujours le destin de celle du sud « capitaliste » sur laquelle nous braquons le projecteur dans ce livre.

Le brouillard du décalage horaire accentuait une impression d'irréel. L'autobus a enjambé les plages boueuses de la rade d'Incheon, là où avait débarqué McArthur en 1950[2] pour s'enfoncer dans une mégalopole de béton grâce à une autoroute longeant le fleuve Han, aussi large qu'une embouchure. Mais ce qui me reste en mémoire de mes premiers instants à Séoul ne sont pas ces barres d'immeubles similaires empilés à l'infini, à l'architecture aussi massive que répétitive. Ni l'imposante Assemblée nationale aux lignes staliniennes, installée à la proue de l'île de Yeoido, au cœur de cette agglomération de 20 millions d'âmes. De cette première impression, toujours décisive, ma mémoire a gardé la vue du mont Namsan verdoyant, dominant le cœur de la ville surmontée de cette tour de télévision, qui est devenue le symbole de cette capitale méconnue, sa modeste « tour Eiffel ». De cet océan d'immeubles surgissaient pour mon ravissement des pics escarpés couverts d'épaisses forêts. Peu de mégapoles, comme Hong Kong et son Peak ou Rio et son Pain de sucre, offrent une telle verticalité naturelle au cœur du bitume.

Un attrait qui ne doit rien au hasard. Le site de Séoul fut choisi au quatorzième siècle sur les conseils des maîtres en

2 Le général américain McArthur débarqua avec ses marines le 15 septembre 1950 dans ce port stratégique, sonnant la contre-offensive de l'ONU après l'invasion de la Corée du Sud lancée par Kim Il-sung en juin.

géomancie afin d'offrir les meilleures énergies à la nouvelle capitale de la dynastie Joseon (1392–1910). Aujourd'hui encore, la Maison Bleue, le palais présidentiel, est blottie contre le flanc d'une montagne la protégeant des vents glacés du nord, sur une pente douce descendant vers le midi ensoleillé et la rivière Chongye.

Une forteresse naturelle entre les mers

Postez-vous sur le carrefour névralgique de Gwangwamun et observez la foule traverser au pas de charge cette large artère historique. Vous verrez des *office girls* élégantes cavalcader sur des talons aiguilles, le doigt sur le smartphone, des *salary men* en costume impeccable, exhibant leur gobelet de café Starbucks, des prêcheurs protestants ânonnant l'Évangile dans un porte-voix, des enfants échappant à la chaleur moite en se jetant dans des jets d'eau. Et peut-être un touriste occidental perdu dans cette masse de l'Orient extrême. Tout ce petit monde empressé court pour devancer le compte à rebours implacable fixé par le feu vert lumineux. Au loin, sous un ciel bleu intense, les montagnes escarpées se détachent au-dessus du palais royal de Gyombokung, couronnant le « couloir des étoiles », cet axe géomancien qui a donné sa colonne vertébrale à l'immense capitale. Au vingt et unième siècle, le pouls de la capitale bat toujours au rythme de cette énergie souterraine et mystérieuse. Avec près de 20 millions d'âmes, soit plus d'un tiers de la population de la Corée du Sud, Séoul domine le pays comme une tête trop grosse. Ici se concentrent la richesse, l'ambition, la technologie et les nouveaux modes de vie, chaque jour réinventés.

Vue du ciel, la Corée du Sud ressemble à une forteresse protégée par les mers et hérissée de pics aussi pointus que verdoyants. Des forêts épaisses s'accrochent à des pentes drues surmontées souvent de falaises roses comme dans les monts Thaebek, dans la province du Kangwondo au nord-est du pays.

À mes pieds coule une rivière baignée par le clair de lune.
Ce soir d'automne, les grues s'envolent vers le mont Gaya,
Et se perdent sur le faîte des pins auréolés de nuages.
Il en est ainsi depuis des millénaires :

Pourquoi chercher ailleurs le paradis ?[3]

Les sommets les plus élevés du pays, dans les monts Jiri au sud-ouest, frôlent les 2000 m, loin des Alpes, mais la verticalité compense cette altitude modérée. La Corée est terre de pics offrant des dénivelés conséquents au grimpeur qui démarre souvent sa randonnée près du niveau de la mer. Des dizaines de montagnes dépassant les 1500 m d'altitude parsèment le pays, repoussant les hommes dans les vallées et les rares plaines densément peuplées. Et les sentiers ne s'embarrassent pas de lacets, préférant attaquer la pente en frontal, se muant souvent en escalier. Les Coréens partent

3 *Yi Dal lettré du XVIe siècle*, poème cité dans *Anthologie de poésie coréenne du XVIe siècle* de Lee Byeong-ju, éditions Mémoires Vivantes.

escalader ces monts, harnachés comme pour conquérir l'Everest, avec pour pique-nique une soupe de nouilles lyophilisée, en attendant le barbecue revigorant du soir, ponctuée de rasades de *soju*, cet alcool translucide à base de pomme de terre, qui brûle la gorge puis la mémoire. Ils finiront la journée vivifiante dans l'un des multiples bains publics, havre de chaleur et de repos. Là, nus comme des vers, les *adjossis*, ou « hommes mariés », oublient un instant la pression trépidante imposée par les obligations sociales et familiales d'une société ultra-compétitive. En silence, ils méditent les yeux fermés ou s'effondrent sur le plancher de bois chaleureux. Un moment de répit avant de repartir au combat.

« Le pays est montueux et paraît très aride : la neige n'était pas entièrement fondue dans certaines ravines et la terre semblait peu susceptible de culture. Les habitations sont cependant très multipliées » note Lapérouse, l'un des premiers navigateurs à longer la côte coréenne, en 1787[4]. La Corée est un territoire « plein » avec une densité de population près de cinq fois celle de la France. Mais ce n'est pas un pays de cocagne. Des sols rarement fertiles et un climat rude ont imposé de dures contraintes aux fermiers de la péninsule. Et le relief escarpé dominant laisse peu de place aux plaines favorables à la riziculture.

4 *Voyage autour du monde*, Jean-François de Lapérouse, Éditions la Découverte, 2005.

Un écrin de montagnes

C'est là que tout commence, selon le mythe fondateur du pays. Dangun, à l'origine du premier royaume de Gojoseon en 2333 avant J.-C. est le fils d'un ours transformé en femme, après avoir relevé le défi imposé par les dieux shamans pour prendre forme humaine : tenir 100 jours en se nourrissant de seules gousses d'ail, dans une grotte du mont Paektu, cette montagne volcanique originelle qui marque aujourd'hui la frontière entre la Chine et la Corée du Nord. Bien plus tard, le régime de Pyongyang y fera naître son « grand leader » Kim Jong-il[5]. Face à l'ours, son rival le tigre de Sibérie, autre prédateur ancestral des forêts coréennes, jette l'éponge au bout de 20 jours de régime à l'ail. Le carnassier garde néanmoins une place de choix dans l'iconographie coréenne et le pays a gagné son surnom de « Tigre » à l'heure de la haute croissance des années 1970. L'ail demeure prépondérant dans la cuisine des Coréens, qui font griller au barbecue des gousses marinées dans l'huile de sésame pour accompagner les morceaux de viandes découpés au ciseau. Une main goulue enveloppe ces deux ingrédients dans une feuille de laitue après l'avoir trempée dans le *gochujang*, une sauce au piment rouge, avant de l'avaler d'une bouchée vorace. Le plaisir du barbecue coréen tient dans cette combinaison magique entre viande et accompagnements, arrosée de petits verres de *soju* bus d'un trait. Plaisir âpre, dans

5 Fils du fondateur du régime nord-coréen Kim Il-sung, le « grand leader » Kim Jong-il lui succède en 1994 et règne sans partage sur la République populaire de Corée (nom officiel de la Corée du Nord) jusqu'à sa mort en 2011.

une ambiance survoltée ponctuée de *compay*, marquant chaque toast enfiévré.

Je me souviens d'une montée en hiver dans les vallées encaissées du Kangwon, vers une station de ski. La neige immaculée s'accroche sur les arbres dénudés et les maisons de bois fumantes, dans l'air translucide et si sec de la péninsule. Dans ce petit restaurant de montagne, nous faisons halte en nous asseyant sur le coussin à même le sol, en tailleur sous les tables basses. La chaleur du *ondol* revigore progressivement les membres gelés. Ce chauffage ancestral par le sol est l'un des grands plaisirs de l'hiver coréen, recréant un cocon maternel chaleureux face aux températures glaciales. En silence, la maîtresse de maison recouvre la table de dizaines de plats dans des petites écuelles en métal, tout comme les baguettes, autre particularité coréenne en Asie. Par la fenêtre, le soleil éclatant envahit la table et fait miroiter la mosaïque de couleurs. Au milieu, un bloc blanc de tofu, recouvert d'une traînée de rouge. En bouche, le contraste entre ce condiment pimenté et le lait de soja caillé enflamme les papilles. Un petit moment d'extase volé, dans cette vallée perdue du bout du monde.

C'est dans ce massif montagneux que prennent source les deux grands fleuves du pays. Le Han s'écoule vers le nord-ouest en s'élargissant vers Séoul avant de se jeter dans les eaux boueuses de la mer Jaune. Le Nakdong serpente, lui, vers le sud en passant à Andong, berceau des lettrés néoconfucéens, dont les maisons traditionnelles, les *hanok* à cour carrée et tuiles arrondies, s'échelonnent encore sur la berge aujourd'hui. Plus loin, la voie ferrée du train à grande vitesse KTX, inspiré du TGV français[6], rejoint cette vallée fluviale jusqu'à l'embouchure dans l'immense rade de Busan, qui compte près de 4 millions d'habitants.

La barrière de montagnes surplombe en balcon la « mer de l'Est », ou mer du Japon, comme la dénomment la plupart des atlas en dépit des protestations répétées de Séoul. Ici, les rouleaux du Pacifique, refroidis par un courant glacé venant de Sakhaline, viennent s'écraser sur de longues plages de sable jaune surmontées de dunes et de miradors. Le grand air de l'océan aux reflets cobalt souffle, contrastant avec la côte vaseuse et encalminée de la « mer de l'Ouest », ou mer Jaune, qui fait face à la Chine. L'été, les vacanciers envahissent le front de mer de la petite ville de pêcheurs de Sokcho, ignorant la ligne de front à quelques kilomètres au nord. Parfum de vacances, aux pieds de mines. Tout le long de la côte orientale en allant vers le sud, les criques et collines se succèdent, surveillées par l'armée face au grand large, avec au loin l'îlot de Dokdo, ces « rochers Liancourt » battus par les vents et contrôlés par 50 policiers, surmontées d'un héliport, face aux réclamations de Tokyo. En approchant de l'angle sud-ouest de cette péninsule, la côte s'adoucit et les poumons industriels des conglomérats Posco et Hyundai s'étalent sur les plages à Pohang et Ulsan, où se nichent la plus grande usine automobile

6 Le Korea Train Express (KTX), entré en opération en 2004, est un dérivé du TGV français, suite à un contrat d'exportation majeur conclu au début des années 1990 avec la SNCF et Alstom.

et le plus grand chantier naval de la planète. On y déguste de la baleine, « accidentellement » pêchée au large.

On approche du cœur battant de la province coréenne. Vers l'intérieur, on rencontre les plus grands sites bouddhistes du pays, dont le temple grotte de Seokguram (huitième siècle) où « l'éveillé » affiche un sourire d'une quiétude insondable en fixant l'océan. Dans la vallée, le complexe de Bulgaksa aux colonnes ocre et frontons verts, marque de fabrique des temples coréens, s'épanouit sur des pentes enfin douces et riantes, parsemées de cerisiers en fleur roses au printemps. Ils contrastent avec les champs d'un jaune éclatant. Ce sud-est est encore aujourd'hui l'un des poumons économiques du pays, berceau de la famille Samsung dans l'industrielle Daegu et de l'épanouissement de Hyundai à Ulsan.

Cette prééminence chevauche les siècles. Nous voici à Gyeongju, l'ancienne capitale du royaume de Shilla, aujourd'hui étape touristique indispensable qui unifia pour la première fois la péninsule au septième siècle, mettant fin aux divisions de la période dite des « trois royaumes ». Ses rois profondément bouddhistes s'allient à la dynastie chinoise des Tang pour subjuguer le rival du Nord, le royaume de Goguryo, centré à Pyongyang. Déjà, Shilla, point de départ extrême-oriental de la route de la Soie, prospère et entretient une cour raffinée dont les splendeurs ont fait rêver les marchands jusqu'en Perse. Une monarchie centralisée qui ancre le bouddhisme, « grand véhicule » sur la péninsule, important de nombreux sutras de la Chine voisine.

Cet ancrage religieux survivra à la chute de Shilla sous le coup de la dynastie Koryo fondée par le roi Taejo comme l'illustre l'extraordinaire *Tripitaka Koreana*, un ensemble de textes bouddhiques délicatement gravés dans plus de 80 000 blocs de bois au treizième siècle, visible à quelques kilomètres de là. 200 ans avant « l'invention » de l'imprimerie par Gutenberg, ces moines utilisaient un système d'imprimerie par caractère mobile ! Un chef-d'œuvre de piété, pour prévenir l'arrivée des hordes lancées par Gengis Khan[7]. Une collection sans pareil dans le monde, encore visible aujourd'hui dans le temple d'Haeinsa, et enregistrée au patrimoine mondial de l'UNESCO. La céramique en céladon est un autre symbole du raffinement de la dynastie Koryo qui a étendu son contrôle jusqu'au fleuve Yalu au nord de la péninsule avant de devoir courber l'échine devant la Chine impériale devenue mongole.

Les invasions ont façonné la Corée, jusqu'à sa langue dont les origines « altaïques » restent âprement débattues par les spécialistes, qui pointent également la forte influence du chinois et du japonais. Le coréen est en définitive une langue unique qui illustre la capacité de ce peuple à emprunter aux voisins pour mieux forger sa propre identité.

Le bouddhisme, arrivé à tâtons au quatrième siècle via la Chine, a influencé en profondeur l'âme coréenne, jusqu'à aujourd'hui, en dépit des aléas politiques et de la prééminence

7 Le grand chef nomade part à l'assaut de l'Eurasie, lançant ses premières attaques en Corée en 1218. Ces invasions violentes vont se répéter à plusieurs reprises au treizième siècle conduisant à la conquête de la péninsule.

gagnée par le néoconfucianisme à partir du quatorzième siècle. Le Bouddha règne toujours sur la nature à travers la myriade de temples à flanc de montagnes, toujours animés de moines en soutanes grises, où il est possible aujourd'hui au voyageur de faire une retraite spirituelle de quelques jours. Par un après-midi printanier, je gravis lentement les marches qui montent vers le superbe temple de Beomsa, au-dessus de Busan. La visite se fait randonnée sur les sentiers qui serpentent autour des pagodes, entre torrent translucide et forêt accueillante. La nature nous emporte, entre contentement et contemplation éveillée, car éphémère.

> À la vue des fleurs qui tombent, mes chers oiseaux,
> ne soyez pas tristes ;
> Si elles sont éparpillées par le vent, elles n'y peuvent rien :
> À quoi bon regarder le printemps qui s'en va.[8]

Les pieuvres de Busan

J'ai toujours aimé débarquer sur le quai de la gare de Busan, le grand port de la Corée, après 2h30 de voyage à haute vitesse en provenance de Séoul. Une atmosphère méridionale vous enveloppe, dès la descente du KTX, dans ce « Marseille » coréen. Les Busanais sont chaleureux et plus prolixes que les habitants de Séoul, si efficaces et adeptes du *pali pali*[9]. Dans cet immense port de conteneurs, on prend encore le temps

8 Song Sun, poète du seizième siècle.

9 « Vite-vite ».

de vivre sur la belle plage de Haeundae, cette « Croisette » coréenne, qui doit son surnom au festival du film qui s'y tient chaque automne. Les gratte-ciel rutilants ont envahi cette anse majestueuse où flottent des filets anti-requins pour protéger les baigneurs qui affluent en masse au mois d'août sous des parasols. La plage devient alors un défilé de mode du bikini et le sable disparaît sous la foule compacte. Plus loin, sur la croupe de Dalmaji, les pins parasols accrochés à des falaises aux allures de calanques méditerranéennes se balancent dans le vent du large.

Le cœur traditionnel de Busan bat autour de son coloré marché au poisson de Jalgachi. Ici, des crustacées aux formes surréalistes hantent les aquariums alignés le long des rues, sous des lumières blafardes. On déguste les sashimis, comme l'anguille grillée et bien sûr le poulpe cru. À l'entrée du restaurant, on désigne sa victime dans l'aquarium. Une main implacable se saisit de la créature et disparaît dans la cuisine. Deux minutes plus tard, la voici dans votre assiette, découpée en petits cubes encore frétillants. Les ventouses s'accrochent désespérément à l'assiette, qui décollent lorsque vous saisissez votre morceau du bout de vos baguettes en métal. Trempé dans une sauce épicée et aillée, le malheureux devient un festin de fin de soirée arrosée au *soju*, aux risques et péril de chacun. Régulièrement, des gourmands succombent d'étouffement, en avalant des *choukoumis*, ces petites pieuvres dont les tentacules encore vivantes s'accrochent dans la gorge et prennent parfois une fatale revanche.

Au large de la superbe rade commence le détroit de Corée qui sépare la péninsule de l'archipel nippon, et que la flotte mongole tenta d'enjamber avant d'être détruite par un coup de vent salvateur, surnommé le kamikaze au Japon. Entre les deux frères ennemis gisent toujours les îles Tsuhima, où la flotte nipponne vainquit celle du tsar en 1905, offrant une première victoire militaire à une puissance asiatique contre l'Europe depuis des siècles. Ce succès du nouveau Japon du Meiji ouvrit la voie à la colonisation de la péninsule coréenne par l'empire du Soleil levant.

Plus d'un siècle auparavant, c'est dans ces parages qu'aborda Lapérouse lors de son dernier voyage. Il est fasciné par cette terre montagneuse inconnue, où des feux d'alerte sont allumés au passage de ses navires *L'Astrolabe* et *La Boussole* qui longent sa côte sud-est. Mais il résiste à la tentation de débarquer. Car la Corée est alors un royaume dangereux pour les navigateurs. Il a en mémoire les malheurs de Hamel, le capitaine hollandais du *Sparrow Hawk*, qui s'échoua en 1653 sur l'île de Jeju. Sur les cartes de l'époque, ce volcan verdoyant flottant au sud de la péninsule est surnommé « Quelqepaert » ce qui en dit long sur les mystères de ces parages. L'équipage se retrouve condamné par le roi à rester prisonnier à vie sur cette terre. Une mesure de protection draconienne de la dynastie Joseon visant à ne pas attirer l'attention des « découvreurs » occidentaux. « Pour vivre en paix, vivons caché » fut le réflexe de cette péninsule, qui a nourri une méfiance atavique envers l'étranger, au fil des invasions. Et gagné ainsi son surnom de royaume

« ermite ». La violente colonisation japonaise, puis la présence souvent tapageuse des GI's américains, qui sont encore plus de 28 500 en garnison dans le pays, ont prolongé ce sentiment. Longtemps barricadée, la Corée du Sud s'ouvre aujourd'hui enfin au monde, avec la fraîcheur parfois teintée de naïveté du néophyte. Jusqu'au début des années 1990, les Sud-Coréens étaient « prisonniers » de leur propre pays, interdits de passeport hormis pour les universitaires et les hommes d'affaires capables de faire fructifier les exportations. Depuis, les jeunes générations découvrent le monde avec enthousiasme et à une vitesse spectaculaire. Je me souviens encore d'échanger un regard instinctif, lorsque je croisais un *wiguk saram*, un rare Occidental, il y a tout juste cinq ans. Aujourd'hui, les restaurants pullulent de

stagiaires français qui viennent étudier en nombre croissant.

En roulant vers l'ouest de Busan, la côte méridionale devient superbe, découpée de mille entrelacs, entre falaises et golfes majestueux et myriade d'îles sauvages. La route en corniche prend des airs de « riviera » vers la presqu'île de Namhae et Yeosu. Dans le Jeolla, le sud-ouest de la péninsule, les vents sibériens s'estompent, la température s'adoucit et même les champs de thé vert fleurissent, plantés par le colonisateur nippon. Un vert éclatant, presque luxuriant prend le dessus. La pointe sud-ouest de la péninsule est parsemée d'une multitude d'îles de pécheurs reculées autour du port de Mokpo, dont la plus célèbre, Jindo, a donné naissance à une race de chiens de chasse éponyme. Dans cette région périphérique, la plus éloignée des principaux pôles de peuplement, on respire la Corée « profonde » et un esprit rétif au pouvoir central l'emporte.

Ces petites villes de province se ressemblent toutes. Des barres d'immeubles fonctionnels et identiques, surnommés *appatte*, ont remplacé depuis longtemps les *hanok*, ces maisons traditionnelles. Quelques rares quartiers subsistent, comme à Jeonju, petite ville de l'intérieur. Puis la côte remonte vers le nord, le long de la mer Jaune, entrecoupée d'escarpement, de grandes baies et de plages jusqu'à Incheon pour finir sur l'île forteresse de Gangwa, où la marine de Napoléon III venue à la rescousse de missionnaires catholiques persécutés subit une déroute humiliante[10]. Les Français, dans leur fuite, embarqueront comme butin les *Livres des rites* de la cour confucéenne de Joseon jusqu'à la bibliothèque nationale, rue Richelieu à Paris. Une pomme de discorde diplomatique entre Paris et Séoul qui perdura jusqu'au début du vingt et unième siècle. Au nord de Gangwa, les barbelés de la DMZ reprennent leurs droits et ferment le « rectangle » sud-coréen. Dans ce no man's land, des espèces en danger prospèrent malgré les mines, du léopard des neiges au lynx voire à l'ours noir. Le tigre de Sibérie a, quant à lui, bien disparu depuis longtemps.

10 En 1866, l'amiral Roze mena une expédition punitive contre le Royaume de Corée en représailles des persécutions contre les missionnaires catholiques. Les troupes françaises doivent reculer devant la pugnacité des forces coréennes et la flotte se replie le 12 novembre vers sa base en Chine.

Soft-power coréen

Ma décision de m'installer en Corée en 2008 avait déclenché la surprise de nombreux collègues et proches. Partir au royaume ermite, c'était comme se retirer du monde. C'était, au mieux, une puissance industrielle besogneuse et sans charme, qui avait réussi à sortir de la pauvreté grâce à un miracle économique stakhanoviste.

Depuis, cette perception a grandement changé et la Corée a déboulé sur la scène mondiale, pour devenir même tendance aux yeux des nouvelles générations européennes. Une mutation spectaculaire opérée en quelques années, au rythme *pali-pali* cher aux Séoulites. Les succès industriels des grands *chaebols* comme Samsung, LG ou Hyundai, ont d'abord amené le pays du Matin calme dans les salons et les garages des classes moyennes occidentales. Grâce à un tournant misant sur la qualité prise à partir des années 1990, ces conglomérats ont taillé des croupières à leurs rivaux japonais comme Sony ou Honda, à coup d'écrans plats et de berlines garanties 7 ans.

Puis, à la surprise générale, le *soft power* coréen a débarqué grâce à des feuilletons mélos et des *girls bands* sexy. Par la magie de YouTube, les stars de la K-Pop[11] conquièrent des tribus d'ado dans toute l'Asie et même en France. « Girls Générations » ou « Super junior » remplissent le Zénith de Paris grâce à leur chorégraphie aussi osée que millimétrée.

11 Korean pop.

Puis vient l'apothéose en la personne d'un bouffon loufoque, maître du « Gangnam style ». Le clip décalé du chanteur pitre Psy enflamme la planète comme une traînée de poudre à l'été 2012 pour devenir la vidéo la plus visionnée de l'histoire de YouTube, et sans doute de l'humanité ! Un succès phénoménal qui dépasse les attentes de ce « gosse de riche » potache qui avait jusqu'ici un succès d'estime. « Je voulais faire un clip pour m'amuser avec mes potes durant la moiteur de juillet » raconte la bête de scène, issue du quartier bourgeois de Séoul qu'il moque gentiment dans sa chanson à boire. Sans le vouloir, il a placé la Corée du Sud sur la carte mondiale ! Depuis, le boys band BTS a conquis les classements de meilleures ventes aux États-Unis, même invité à parler à la tribune de l'ONU, comme porte parole de la jeunesse mondiale.

En réalité, le succès de la K-Pop ne tient rien du hasard. Avant d'atteindre l'Europe, l'*hallyu*, ou « vague coréenne », avait déjà conquis la jeunesse asiatique grâce à ses stars de la chanson et ses actrices. Avec une recette implacable : reprendre les recettes de Hollywood ou du show-business américain, mais en les adaptant à la sauce asiatique. La Corée a réussi à devenir aspiratrice de tendances, un sas entre Occident et Asie avec une efficacité redoutable. De Bangkok à Tokyo en passant par Shanghai, toute l'Asie-Pacifique est accro aux feuilletons *made in Seoul*, véhiculant une image glamour. « Si vous arrivez à vendre vos produits à Séoul, ils rayonneront dans toute la région. Aux yeux des Asiatiques, la Coréenne incarne la femme absolue » explique un représentant d'une grande marque de luxe française. Et les touristes chinois ou indonésiens se ruent à Gangnam pour apercevoir leurs idoles et acheter les marques cosmétiques du groupe Amore-Pacific, qui bouscule le géant français l'Oréal. Quelle revanche pour ce pays longtemps perçu comme une grise usine sans imagination ! Ce succès rend même jaloux la grande Chine communiste, dont le *soft power* peine à séduire des voisins inquiets de sa montée en puissance hégémonique.

Le pays du Matin frais

Tout cela, je l'ignorais lors de mon arrivée où je découvris d'abord le froid. Intense, sec et brutal. Et je voyais la foule déambuler sans manteau par -15°. En hiver, l'Europe hiberne. La Corée semble elle giflée par un appétit de vivre comme stimulé par cet air glacé si franc. Le climat de la péninsule est à l'aune du caractère de ses habitants : oscillant d'un extrême à l'autre, marqué par des changements de saison brusques. Séoul a un climat proche de celui de New York. L'écart de température sur l'année est de plus de 50 degrés, flirtant avec les -20° certaines nuits d'hiver pour dépasser les 35° à la veille de la mousson moite qui éclate avec fracas à partir de la fin juin.

Ces jours-là, des cataractes tombent du ciel lourd comme un couvercle, transformant les ruelles de Séoul en torrent, saturant l'air d'humidité. Pour tenir ces longues soirées poisseuses, les Coréens se retrouvent autour d'un *pajeon* (omelette) aux fruits de mer, accompagné de *makgeolli*, cette boisson alcoolisée acidulée aux allures inoffensives de lait de brebis. Pour tenir le siège de l'été éprouvant, ils vont déguster le *samgyetang*, cette soupe de poulet farci au ginseng, cette racine panacée qui revigore l'organisme et les sens. Les plus traditionnels dégustent du chien, dans des échoppes toujours bien à l'abri des regards des touristes, en dépit d'une interdiction décrétée lors de la Coupe du monde en 2002 pour ne pas effrayer les touristes et les ONG occidentales. L'image d'abord.

La chaleur moite règne sans partage jusqu'à ce que par une nuit de fin août un courant d'air frais vienne vous chatouiller l'échine durant le sommeil. Au petit matin, l'automne est arrivé avec ses « ciels hauts » pleins de nuages aux formes gargantuesques s'étirant sur un azur limpide. Cet été indien est inégalable. La température devient parfaite en journée, l'air doux coule sur la peau comme une caresse, les arbres jaunissent puis rougissent en octobre dans un feu d'artifice ébouriffant. La Corée lui doit son surnom de « pays du Matin frais », lorsque la température pique du nez au petit matin, avant une journée de soleil radieuse. Une formule bien plus appropriée que celle de « pays du Matin calme » qui l'a emporté dans les brochures touristiques. L'odeur âcre des fruits jaunes des ginkgos écrasés par les passants monte des trottoirs, devenant le parfum entêtant de cette saison sans rivale. La vie atteint alors sa plénitude éphémère.

Et puis tout bascule de nouveau début novembre, à la première chute de neige, sans crier gare. L'hiver sibérien sec déboule sur la péninsule, accompagné d'un soleil éblouissant à sortir un damné de son lit. Le linge sèche en quelques heures, les stalactites s'accrochent aux fenêtres des vérandas. Séoul et ses montagnes prennent des allures de station de ski, près du téléphérique qui hisse les touristes au sommet de la tour de Namsan. Les plus motivés vont skier sur quelques pistes à 45 min du centre, ou en week-end à Pyeongchang, qui accueilla les Jeux olympiques d'hiver en 2018 dans la province de Kangwon. On y skie tard dans la nuit sous les projecteurs et une sono du diable, avant d'enchaîner avec un *jimjilbang*, ces bains publics qui réchauffent le corps et revigorent l'esprit. Des saunas géants ou les papas emmènent leur petit s'asperger dans des bains bouillonnants avant de se faire masser dans des scènes dignes des thermes d'Astérix.

Les sexes sont séparés dans les bains, mais se retrouvent parfois dans des salles mixtes pour suer ensemble dans des étuves chauffées à blanc. Reprendre des forces pour tenir le long hiver qui s'étire tard jusqu'en avril. Jusqu'à la délivrance, en forme d'apothéose, annoncée à la télévision par Madame Météo, en uniforme. L'explosion des fleurs de cerisiers est aussi courte qu'intense et mobilise le pays. Le jour J, les couples d'amoureux sur leur 31 se ruent vers les allées de l'île de Yeoido, le long du fleuve Han pour un selfie romantique sous les pétales roses. Une semaine d'exubérance pour lancer un trop court printemps rapidement gagné par la chaleur moite qui pousse les Coréens enfin vers les plages. Et tout recommence.

L'apparence, cette obsession

Ce climat « excessif », selon Pierre Loti[12], de passage en 1901, a-t-il façonné le caractère coréen, entier et passionné ? Il est difficile de ne pas donner du crédit à ce déterminisme climatique, pour expliquer les « coups de sang » des Coréens qui bouillonnent souvent comme les *jigae*, ces soupes épicées servies brûlantes. Chez les Asiatiques, les Coréens se sont bâti une réputation de passionnés.

La rumeur colporte même une formule aussi accrocheuse que tenace : les Coréens seraient « les Italiens de l'Asie ». L'idée prend même étonnamment corps lorsqu'on se promène dans les ruelles en pente et ensoleillées de Namsan, et qu'une vespa rutilante surgit, chevauchée d'un couple endimanché. Séoul ou Rome ? Les *salary men* tirés à quatre épingles dans leurs costumes élégants et les *office girls* en minijupe transforment chaque jour les grandes artères de Séoul en un défilé de mode à ciel ouvert, rappelant Milan. Le style, c'est l'homme. En Corée, l'apparence vestimentaire est une obsession qui dit le statut social, depuis des siècles. Déjà sous la dynastie Joseon, les *yangban*, ces fonctionnaires qui avaient réussi l'examen mandarinal inspiré du système chinois, affichaient leur statut grâce à l'éclat de leurs robes et d'un étonnant chapeau. « En Chine, avoir le ventre rond était le signe de la prospérité,

12 Après avoir participé à la guerre des Boxers en Chine à bord d'un navire de la marine française, Pierre Loti voyage en Asie du Nord-Est, en particulier au Japon, et s'arrête brièvement en Corée.

comme l'illustrent les bouddhas grassouillets. En Corée nous étions trop pauvres, alors le statut se jouait sur l'apparence vestimentaire » explique un diplomate sud-coréen en charge des questions culturelles.

Le développement phénoménal de la chirurgie esthétique illustre cette obsession de l'apparence. La Corée du Sud est le leader mondial du scalpel, devançant même le Brésil, la Californie ou l'Italie au nombre d'actes par tête d'habitant. Plus d'un tiers des habitantes de Gangnam y ont recours selon certaines estimations. Les publicités pour les cliniques offrant une nouvelle vie ont envahi les stations de métro d'Apgujeong, la Mecque asiatique de la chirurgie. La chirurgie ici est une pratique de masse pour des jeunes femmes et de plus en plus d'hommes, qui n'hésitent pas à se refaire complètement le visage avant leur entrée dans la compétition de la vie active. Avec deux objectifs : trouver un bon job et surtout un beau parti fortuné. Ces opérations sont un investissement sur l'avenir, comme une bonne école de commerce, et souvent payées par les parents. La norme régit la société coréenne, y compris ses canons de beauté. Le menton en « V », le *small face* (petit visage) ouvrent beaucoup de portes. Ces pratiques surprennent l'Occidental, prompt au jugement de valeurs, mais elles offrent une plongée fascinante dans la psyché coréenne. « Dans une société de tradition confucéenne où parler n'est pas l'essentiel et où trop d'expressivité gène, les apparences prennent d'office une importance qu'elles n'ont pas ailleurs. C'est par elles qu'on est jugé. C'est pourquoi les Coréens y consacrent une grande partie de leur temps et de leur argent[13] » décrypte Martine Prost, linguiste française spécialiste de la Corée où elle a pris racine.

L'obsession de la famille, ses réflexes claniques, rappelle également l'Italie, avec à la clé un conservatisme social, ayant produit encore aujourd'hui tant de mariages arrangés et quelques Roméo et Juliette. À Séoul en 2022, on vit toujours chez ses parents jusqu'au mariage, dont l'âge moyen est repoussé au-delà de 30 ans. Et même si l'on a étudié à Harvard ou décroché un emploi dans une multinationale, on rentre chaque soir chez ses parents, même après une nuit arrosée et un détour par un *Love Motel*. Quitter le cocon avant d'avoir passé l'anneau au doigt serait un manque de respect aux anciens, selon la pensée confucéenne. Et une mauvaise affaire, vu le prix des loyers. Et comme dans un bon film sicilien, le fils aîné est traité comme un roi par une *Umma* (équivalent de la *Mama*) possessive qui a abandonné sa carrière à la naissance de l'enfant pour se consacrer à son éducation. Des garçons à la réputation « macho », qui partent à l'assaut des princesses à coup de compliments, de bouquets de fleurs, de costumes élégants et restaurants italiens prestigieux. À travers l'Asie, l'homme coréen fait fantasmer les jeunes filles japonaises ou chinoises, ensorcelées par les acteurs stars du pays qui savent si bien séduire.

13 *Scènes de vie en Corée*, Martine Prost, L'Asiathèque, 2014.

Gare. Les Coréens ne sont pas des Latins égarés en Asie. Leur caractère passionné est bien trop entier pour la *commedia dell'arte* et se rapproche plutôt des déchirements de l'âme slave. Quand le sage méditerranéen cherche une improbable *via media*, ou le Casanova joue de sa langue pour mieux occuper le terrain, l'*adjossi* jette sur la table un cœur palpitant, mis à nu par quelques rasades d'alcool. Quand le Toscan déguste lentement son chianti en philosophant, parlant plus qu'il ne se découvre, son homologue coréen se fracasse à coups de *soju* pour dévoiler les tréfonds de son âme à un inconnu devenu frère en quelques heures. Comme en Russie ou Scandinavie, l'alcool est la clé du coffre-fort qu'est l'âme coréenne. Il faut avoir bu jusqu'au bout de la nuit pour y forger un amour ou une amitié, et aimer ce peuple en vérité. L'ivresse, synonyme de déchéance ou faiblesse en Occident, devient l'ultime révélateur dans une société obsédée par l'apparence, secouant les hiérarchies implacables, pour quelques heures de répit. « Il ne faut jamais se marier avec quelqu'un sans l'avoir vu ivre une fois » dit un adage populaire coréen.

La nuit révèle une autre facette d'un pays si efficient, en apparence animé d'individus à l'expression robotique et inexpressive. En réalité, les Coréens sont un peuple à fleur de peau. Leurs émotions sont épidermiques. Quand le Latin camoufle ses sentiments sous l'art du discours, que le Français les met sous tutelle de son cerveau cartésien, le Séoulite ou Busanais est guidé par ses élans. Une parole d'amour, d'amitié, un compliment l'empourpre. Un geste de défiance, une critique ou, pire, l'indifférence, l'abat. Avec à la clé une humiliation sociale, ou le spectre de la solitude. Il s'ensuit la colère ou la mélancolie rauque. C'est l'heure du *han*, cette amertume rageuse qui gronde à la fin d'une longue nuit arrosée, comme un orage de juillet. Il crache tous les malheurs de l'homme, écrasé par ses devoirs, tiraillés entre ses élans, cernés par les regards. Ce malheur sourd n'est pas du chiqué dans un pays qui détient le triste record du plus fort taux de suicide mondial. Pierre Loti, comme nombre de voyageurs, évoque la « tristesse » de ce peuple. Un déchirement exprimé dans l'art du *pansori*, cette complainte chantée par des femmes, a cappella, comme un fado épouvanté.

Une péninsule déchirée

Nous voilà bien loin de la dolce vita. Quand le Latin est le roi de l'improvisation, dans les horaires comme les sentiments, notre Coréen est un radical, qui déjeune toujours à midi pile. Et il n'a pas peur du conflit frontal, contrairement aux circonvolutions chères aux Chinois, aux Thaïs ou aux Méditerranéens. Tu es avec moi ou contre moi. On est plus proche de Dostoïevski, ou de George Bush, c'est selon. « Ici, la différence entre l'amour et la haine est aussi mince qu'une feuille de papier » me disait une amie. Et mieux vaut la guerre que l'indifférence. Une métaphore qui permet de mieux lire l'interminable guerre de Corée qui fit 3 millions de morts entre 1950 et 1953 et qui n'est toujours pas conclu par un traité de paix aujourd'hui. Ce reliquat de la guerre froide déchire toujours deux frères ennemis qui s'éloignent un peu plus l'un de l'autre par refus du compromis. Incapacité à dialoguer, à transiger, à mettre de l'eau dans son vin, comme le conseillerait un Kissinger. Jamais dans l'histoire un peuple s'est infligé une séparation aussi radicale, installant un mur de mines et de barbelés, coupant toute communication hormis un téléphone rouge entre militaires, régulièrement coupé au gré des abcès de tensions. Par comparaison, la séparation entre les deux Allemagne était cosmétique. Aucune lettre, aucun coup de fil ne peut franchir la DMZ et maintenir le lien entre des familles divisées, parfois des couples.

L'art de l'équilibre n'est pas coréen. Ce peuple ne connaît pas la demi-mesure. Cette soif d'absolu explique en partie le succès du christianisme en Corée, une autre anomalie en Asie. Il est devenu la première religion du pays, regroupant 29 % de la population, contre 23 % de bouddhistes, bien que 40 % des Sud-Coréens se disent athées. La Corée du Sud est devenue la plus grosse exportatrice de missionnaires protestants dans le monde après les États-Unis, dont certains n'ont pas craint de partir en Afghanistan pour convertir les Talibans ! Avec souvent une interprétation fondamentaliste des textes, comme l'illustre le dynamisme des sectes protestantes de tout poil dont les croix en néons rouges rivalisent d'éclat dans la nuit de Séoul. Dans le quartier grouillant de Myongdong, des prédicateurs ânonnent un prêche mécanique dans leur mégaphone brandissant des pancartes au message simpliste : « Jesus or Hell » (Jésus ou l'enfer). Cette péninsule a même donné naissance à une nouvelle religion au succès planétaire. L'Église de la Réunification, plus connue sous le nom de secte

Moon, fut fondée par le révérend Sun Myung Moon[14] en 1954, rendue célèbre pour ses cérémonies de « mariages collectifs » hauts en couleur.

Bouillonnante démocratie

Ces exemples extrêmes ne doivent pas cacher le rôle profond du christianisme dans la modernisation de la Corée. La majorité des chrétiens sont protestants, cependant l'Église catholique est en pleine croissance comme l'a illustré la visite triomphale du pape François en août 2014. La Corée du Sud est le pays le plus christianisé de l'Asie orientale, hormis les Philippines et Timor. L'originalité du christianisme coréen provient du fait qu'il n'est pas le fruit d'une domination coloniale mais d'une demande interne. L'importation commence au dix-septième siècle lorsque des lettrés rapportent les écrits du jésuite Matteo Ricci[15] d'un séjour à Pékin. Première lucarne sur la science occidentale. Le succès de la nouvelle foi déclenchera des persécutions à partir de la fin du dix-huitième siècle orchestrées par la dynastie Joseon, arc-boutée sur l'idéologie néoconfucéenne. Les prédicateurs anglais et américains prennent le relais jouant également un rôle clé dans l'établissement d'un système éducatif moderne

14 L'Église de la Réunification a des centaines de milliers de fidèles en Corée, au Japon et aux États-Unis ainsi qu'un empire immobilier. Son fondateur est décédé en 2012 et depuis, ses fils se disputent l'héritage spirituel et matériel de l'organisation.

15 Le missionnaire jésuite italien arrive en Chine en 1583 où il diffuse la foi et la science occidentale jusqu'à la cour. Il joue un rôle clé dans la diffusion du savoir occidental en Extrême-Orient au dix-septième siècle.

Le christianisme séduit en véhiculant des idées neuves, et en nourrissant la résistance nationaliste à l'occupation coloniale japonaise (1910–1945). Durant la dictature des années 1970, l'Église catholique est à la pointe du combat pour la démocratie et les droits de l'homme, emmenée par le cardinal Kim, qui n'hésite pas à offrir refuge aux étudiants poursuivis par les forces de l'ordre dans sa cathédrale de Myongdong. Sur le seuil de l'édifice, le jeune prélat ira jusqu'à s'interposer face aux forces de sécurité qui menaient alors une répression implacable orchestrée par le général et président Park Chung-hee, à la tête d'un régime doté d'une « constitution dictatoriale » à partir de 1972.

Je me souviens encore de cette chaîne humaine de plusieurs kilomètres bravant la neige, en février 2009. Ce jour-là, devant ces anonymes de toutes confessions, faisant la queue calmement pour rendre un dernier hommage à la dépouille de cette figure généreuse, je fus touché par cette capacité extraordinaire des Coréens à se mobiliser ardemment pour une cause ou un homme. J'aime cet élan, cette fidélité à des principes, cette capacité à se battre pour des valeurs, qui détonnent dans une Asie si pragmatique. Elle explique une autre particularité sud-coréenne dans la région : l'établissement de la démocratie.

Par sa fougue et sa détermination, la jeunesse a bravé la répression imposée par la dictature militaire dans les années 1970 et 1980 pour finalement triompher à coup de manifestations. Le pouvoir utilise pourtant des méthodes implacables, dont la torture, grâce à la Constitution « Yushin » imposée en 1972 qui lui donne le droit d'emprisonner arbitrairement tout opposant. À l'époque, le général Park, arrivé au pouvoir grâce à un coup d'État en 1961, justifie ce virage autoritaire par les tensions avec la Corée du Nord. En réalité il est bousculé par la soif de liberté de la jeunesse, incarnée par un orateur fougueux, Kim Dae-jung. Ce catholique rafle 45 % des voix aux élections de 1971 et devient la cible du pouvoir : il va échapper à plusieurs tentatives d'assassinats orchestrées par les services. Exilé au Japon, il est même enlevé en 1973, ligoté et emmené sur un bateau pour être noyé dans la baie de Tokyo, lesté de bloc de béton. Il ne devra son salut qu'à une intervention in extremis de la CIA, elle-même écartelée entre l'appui de Nixon au régime anticommuniste et les horreurs commises par Séoul.

Sous les coups de boutoirs de deux décennies de révoltes étudiantes, le régime autoritaire du général Chun Doo-hwan, qui a succédé à Park, doit finalement céder la place à des élections présidentielles libres à partir de 1987. Le succès de cette révolution de rue contraste avec l'échec du mouvement démocratique en Chine. La Corée du Sud a pourtant connu son Tiananmen en juin 1980 lorsque les militaires répriment dans le sang une révolte dans la ville de Gwanju, tuant au moins 600 manifestants. Mais ce massacre n'a fait qu'endurcir la détermination de la jeunesse en soif de droits, conduisant finalement à son triomphe, au moment des Jeux olympiques de Séoul en 1988. Depuis, l'alternance politique est devenue la norme et les règles démocratiques, bien qu'imparfaites, se sont installées.

Une démocratie bouillonnante, encore en apprentissage, où les alternances sont plus fortes qu'au Japon, où le Parti libéral démocrate a gardé les rênes du pouvoir presque sans interruption depuis la guerre. La passion pour les manifestations et les grèves, parfois violentes, qui se déroulent chaque semaine au cœur de Séoul, sont encore une illustration du caractère entier des Coréens, capables de se battre jusqu'au bout pour des principes. Parfois ce jusqu'au-boutisme est dogmatique et a des conséquences fatales, a l'image de ce fermier qui se donna la mort sur les barricades lors de la réunion de l'OMC, en 2003 à Cancun. Le « Tigre » coréen a prouvé que la démocratisation était possible en Extrême-Orient, à l'image de Kim Dae-jung, lutteur infatigable, longtemps paria dans son propre pays ou il fut élu triomphalement président à son tour en 1998 avant de décrocher ensuite le prix Nobel de la paix.

La Corée du Sud est bien une terre de prodiges. Mais elle m'a appris que les miracles se forgent dans la sueur, les larmes et l'abnégation. Car le pays était un champ de ruine au sortir de la guerre de Corée, qui a fauché plus de 3 millions de vies sur la péninsule, dont deux tiers de civils. Un ratio bien plus fort que lors de la Seconde Guerre mondiale. Un conflit total d'une violence effroyable, scandé de bombardements massifs et de massacres, auquel s'ajoutent les déchirements d'une guerre civile avec le Nord communiste qui occupe militairement Séoul, avec à la clé règlement de compte politique et retournement de veste. Au lendemain du fragile armistice de 1953, la capitale offre une image de désolation, la plupart des bâtiments sont à terre. La Corée est devenue la « terre des orphelins » raconte un missionnaire. Au moins 100 000 enfants ont perdu leurs parents et 10 millions de Coréens voient leur famille divisée à jamais par le rideau de fer. Rarement un pays n'a autant sombré dans l'abîme, combinant à la misère criante, une tragédie nationale. Son PIB *per capita* est alors l'un des plus faibles de la planète, au côté du Bangladesh et des pays les plus sous-développés de l'Afrique. À Séoul, des gangs d'enfants errent dans les ruelles, les plus pauvres cherchent des racines dans les collines pour ne pas mourir de faim. À l'époque, la Corée du Nord de Kim Il-sung est plus riche que le Sud, accentuant l'humiliation. Au bord de l'annihilation, la Corée du Sud a puisé dans le travail, le sens du devoir et une discipline à toute épreuve pour forger une revanche nationale éclatante.

« Apprenez à un cuisinier coréen un geste précis et il le répétera à l'infini jusqu'à le maîtriser mieux que vous-même » explique le chef Pierre Gagnaire, dont le restaurant domine l'imposant Lotte Hotel au cœur de Séoul. Ce volontarisme intrépide est la force de frappe de cette puissance exportatrice, toujours tendue vers l'avenir, obsédée par les classements. Quand l'Européen hésite et calcule, le Coréen ose et saute à pied joint dans la réalité.

Aucune histoire n'incarne mieux ce volontarisme que l'épopée extraordinaire des chantiers navals sud-coréens Hyundai. En 1972, l'armateur grec George Livanos reçoit une proposition déconcertante d'un grand échalas venu de la Corée lointaine. Le jeune entrepreneur inconnu lui propose de bâtir deux super-pétroliers plus vite et moins cher que la concurrence. Détail particulier, l'entreprise de Chung Juyung n'a jamais bâti un seul navire ! Face aux réticences de l'armateur hellène, le self-made-man, parti de rien dans un village de Corée du Nord, joue son va-tout. Il brandit de sa poche un billet de banque de 500 wons. Une misère. Sur le recto est dessiné un étrange navire en bois hérissé de pointes en métal, aux allures de cohorte de légion romaine. « Regardez, avec ce bateau tortue nous avons vaincu la flotte japonaise ». Il fait référence à une bataille navale historique, remportée face à l'ennemi héréditaire à la fin du seizième siècle, qui vaut à la statue de l'amiral Yi de trôner encore aujourd'hui au cœur de Séoul. Banco ! Le Grec donne sa chance au nouveau venu. Deux ans plus tard, Chung tient sa promesse : des grues immenses ont surgi dans le petit village de pécheurs d'Ulsan pour livrer à son client grec l'*Atlantic Baroness*, un supertanker de 229 000 tonnes. La légende des chantiers de Hyundai Heavy Industries était née. Ils vont devenir les plus grands du monde, livrant aujourd'hui les plus grandes plateformes pétrolières à Shell ou à Total.

Une *success story* seulement dépassée par l'aventure Samsung, démarrée en 1938 dans une boutique de poisson séché de la petite ville de Daegu, pour devenir la plus grosse entreprise de produits électroniques de la planète en chiffres de ventes et le numéro un mondial des smartphones. Ce conglomérat géant bâtit aussi bien la plus haute tour du monde à Dubaï que des superconteneurs, et pèse à lui seul 20 % des exportations sud-coréennes !

Cet esprit pionnier a accouché du « miracle du fleuve Han », un décollage économique fulgurant à partir des années 1970, qui a hissé la Corée du Sud dans le club des pays développés et du G20. Aussi pauvre que le Ghana en 1950, elle enregistre des taux de croissance records, s'envolant à 18 % en 1973 ! Ce dynamisme lui permet de rejoindre le club des nations « riches » de l'OCDE pour devenir la 13ᵉ économie mondiale et un modèle aux yeux de nombreux pays d'Afrique ou d'Asie.

Un « miracle » piloté par le général Park Chung-hee, qui régna d'une main de fer sur le pays de 1961 jusqu'à son assassinat en 1979 par le chef de ses propres services secrets. Le père fondateur de la Corée moderne et de l'actuelle présidente Park Geun-hye incarne ce volontarisme irrésistible, la force de mobilisation collective sous la houlette d'un chef guidé par l'objectif de la renaissance nationale après l'humiliation de la colonisation japonaise et la gabegie corrompue du règne du président Syngman Rhee. Visionnaire, ce leader autoritaire passe un pacte avec les *chaebols* : la prison ou la participation à l'effort national. En retour, ils se partagent les subventions et un marché national longtemps protégé de la compétition mondiale par de multiples barrières.

Les piliers du miracle

Ce prodige repose sur deux piliers essentiels : l'ordre confucéen et la force du clan. La Corée du Sud est considérée comme le pays le « plus confucéen du monde ». Plus royaliste que le roi, la dynastie Joseon a adopté une version radicale de la philosophie chinoise héritée de Confucius. Le grand roi Sejong (1418–1450), dont la statue trône toujours sur la place Gwangwamun, inventa un alphabet, l'*hangeul*, jugé comme l'un des plus efficients au monde par les linguistes. Mais cette invention nationale fut un tour de passe-passe magistral pour camoufler le statut de vassal du royaume à l'empereur de Chine, à qui un tribut était régulièrement versé.

Fidèle à son caractère entier, la Corée a en réalité adopté le carcan confucéen sans retenue, organisant strictement la société dans un ordre mandarinal pointilleux, fait de rites multiples, cloîtrant les femmes de la bonne société dans la maison. Cette rigidité reste une matrice capitale de la société au vingt et unième siècle. Lorsque deux Coréens se rencontrent, la première chose qu'ils font est de deviner l'âge de leur interlocuteur pour savoir comment s'adresser l'un à l'autre en employant les formules de politesse adéquates. Le plus âgé sera un *Oppa* ou une *Honni* qui doit prendre sous son aile le plus jeune, mais attend respect et obéissance en retour. Hiérarchie, obéissance aux anciens, respect des normes. Autant d'éléments clés pour comprendre l'efficacité coréenne.

Cette Corée « efficace » a pris le dessus sur une autre facette de l'âme coréenne, imprévisible et passionnée, plongeant ses racines dans l'animisme de ses ancêtres venus des steppes. « Nous avons le sang chaud. Nos émotions montent très haut avant de redescendre très bas. Cela vient de nos racines chamanistes » explique l'architecte Seung H-Sang. Car sous la gangue rigide du néoconfucianisme, imposé cinq siècles durant par la dynastie Joseon, perce encore le feu des esprits.

Depuis des millénaires, la péninsule a été balayée par les invasions de tribus nomades venues du cœur de l'Asie. Ces peuplements anciens ont laissé quelques traces visibles encore aujourd'hui comme la passion du barbecue et des sonorités dans une langue similaire au turc. En dépit de la reprise en main « néoconfucéenne » édictée par Joseon, cette flamme habite toujours profondément les Coréens d'aujourd'hui. Comme la braise des chamans, toujours rouge sous la cendre visible du confucianisme. Un grain de folie, un soupçon libertaire couvant sous la surface d'une vie conformiste réglée au quart de tour. On ne peut saisir le dynamisme, l'énergie vitale de la Corée sans cette clé mystérieuse aujourd'hui mise sous le boisseau par l'establishment. Au pied du mont Namsan, à quelques mètres du téléphérique emportant les touristes, des sources d'eau limpide inspirent encore les chants des Mudang, ces femmes chamans, qui sont toujours convoquées lors de certaines inaugurations d'entreprises ou magasins, afin de conjurer les esprits.

Le « nous » et le « je »

Venu de la steppe, le barbecue est l'un des plus grands plaisirs de la vie coréenne. Je me souviendrai toujours de ma première tentative de sacrifier à ce rite essentiel. Un soir, après une longue journée de rendez-vous avec des officiels aussi polis que sérieux, je filai m'encanailler dans le quartier étudiant de Hongdae, réputé d'après les guides touristiques pour son animation et sa vie nocturne. Le long d'une rue piétonne grouillante de jeunesse, les restaurants se succédaient sous les néons multicolores. Depuis mon atterrissage quelques jours plus tôt, j'avais fantasmé sur cette viande grillant sur des braises rougeoyantes, qu'on trouve à chaque coin de rue. Salivant d'avance, je franchis le seuil d'une échoppe, bien décidé à faire ripaille. Aussitôt une maîtresse-femme au cheveu court et frisé, recouverte d'un tablier, me barra le passage. Une *ajumma* typique (littéralement, femme mariée). « *Handeo !* » me dit elle en mettant ses bras en croix devant elle. Surpris par cet accueil peu amène, je me dirigeai vers le restaurant suivant. À peine arrivé, j'eus droit au même accueil ! Le même geste de refus, lancé devant les tables pourtant remplies de convives. Mon anglais ne me servit évidemment à rien. Je poursuivis ma quête et fus rembarré de la même façon dans deux autres restaurants. Le moral en prenait un coup. La nuit était tombée, il faisait froid et je rêvais de cette poitrine de porc grillée que les clients dégustaient derrière les vitrines. Je butais sur le mur de l'incommunication. Un sentiment de rejet amer m'envahit. Ce soir-là, je terminai dans un restaurant chinois pour célébrer ma première sortie nocturne à Séoul !

Je ne compris que bien plus tard les raisons de ma déconvenue. Je venais de mettre involontairement le doigt sur une clé de la culture coréenne. Le repas se partage, car la vie est sociale ou n'est pas. En Corée, il est impensable de dîner seul, surtout en public, contrairement au Japon. Autant perdre la face, et seul un *wiguk saram*, un « étranger » osera afficher aux yeux de tous sa solitude devant l'assiette.

Seul, le Coréen n'est rien, il est méprisé, écrasé, voire déprimé. En groupe, il revit et peut renverser des montagnes. La culture coréenne est sans doute l'une des plus « collectives » de la planète, même comparée à ses voisines chinoise ou japonaise. Dès sa naissance, l'enfant existe à travers le groupe, d'abord la famille, puis les camarades d'école primaire, avec qui on garde des liens pour la vie, puis à l'âge adulte, l'entreprise et bien sûr la nation, *Urinara*, qui se traduit littéralement par « notre pays ». En coréen, le « nous » va de soi et le « je » doit se soumettre au groupe, balayé comme un trublion égoïste.

Cette primauté du collectif explique la cohésion exceptionnelle de cette société, mais aussi son conformisme avec des penchants totalitaires, parfois. Aujourd'hui, en Occident, les originaux sont repoussés vers les marges, mais cheminent en parallèle des courants dominants de la société, comme des bêtes curieuses tolérées. En Corée du Sud, ils sont ostracisés, souvent écrasés. Il n'est pas bon de détonner, à moins d'obtenir la consécration internationale, à l'image du cinéaste Kim Ki-duk, en rupture de ban avec l'establishment propre sur lui de Séoul, mais protégé par son Lion d'or décroché à Venise pour le film sans concession *Pietà*. Le génial réalisateur de *Printemps, été, automne, hiver*, à la longue chevelure bohème, vit une partie de son temps dans une cabane de campagne et débarque en savates dans les soirées officielles séoulites où la bonne société soigne son look. Son aura internationale lui permet de financer ses films d'artiste sans concession, ignoré par les grosses machines du cinéma coréen, adossées aux *chaebols*, ces empires industriels familiaux qui dominent l'économie nationale. Une exception dans un océan de conformisme prudent.

En Corée, le clan l'emporte sur le solitaire. Un réflexe grégaire qui trouverait son origine historique dans la succession incessante d'invasions qui ont balayé la péninsule depuis des millénaires. Pour survivre, il fallait s'unir.

Cette solidarité peut accomplir des miracles dans la tempête, comme lors de la crise financière asiatique qui dévasta l'économie sud-coréenne en 1997. Pour renflouer des entreprises surendettées et un pays en banqueroute, le gouvernement en appela à la générosité des citoyens afin de rembourser au plus vite le prêt de 58 milliards de dollars du FMI, assorti de conditions draconiennes. Un appel hors normes auquel répondirent en masse des millions de familles en larmes, en offrant leurs or et bijoux de famille à l'État. En quelques semaines, 227 tonnes d'or et un total de 3 milliards de dollars furent récoltés ! Grâce à cette mobilisation patriotique, la Corée du Sud sera la première économie à sortir de la crise, remettant son économie sur pied en à peine trois ans. Cette cohésion nationale est un atout majeur pour surmonter les crises.

La Corée n'est pas une terre d'explorateurs, elle regarde vers l'intérieur. Elle est bordée de trois façades maritimes, mais elle tourne le dos à l'océan. À Séoul, les meilleurs restaurants ou bars à la mode sont en sous-sol et sans fenêtres. Une grande partie des plaisirs du Coréen se déroulent dans des *bangs*, des chambres obscures aux fonctions infinies, auxquelles on accède généralement par un escalier descendant depuis le trottoir. On joue au jeu vidéo au *PC bang*, on chante au *Nourebang*, on peut s'embrasser au *Kissbang*, voire plus dans les *room salons*, où des hôtesses entreprenantes aideront les partenaires en affaires à sceller des contrats, grâce au bon temps partagé à coup d'alcool et de luxure. Un lieu essentiel dans la vie des affaires coréennes, loin des regards de la rue et de la lumière du soleil.

Pour la plupart des visiteurs éphémères, Séoul semble une mégapole futuriste pleinement intégrée à la mondialisation, à l'image de ses enseignes lumineuses de McDonald's et Paris Baguette, ayant pignon sur rue. Le voyageur est traité avec déférence, avec un art de l'hospitalité ancestrale, fondé sur des intérêts bien compris. Il revient généralement ravi de son voyage à Séoul, tant ses homologues ont su si bien jouer le jeu en l'emmenant dans les meilleurs restaurants de la ville, accompagné des plus jolies employées de l'entreprise, selon un programme minuté. « L'étranger est le bienvenu à condition qu'il ne reste pas » semble dire ce pays protectionniste qui a su si bien protéger son industrie à coup de barrières tarifaires pour mieux grandir.

Ainsi, sur les pare-brise des bus touristiques sillonnant la ville un écriteau clame *Foreign tourists on board*[16]. Cet étrange avertissement semble dire à la population de se mettre au garde à vous pour donner une bonne image aux hôtes étrangers. Histoire de face, mais aussi de business. Un jour que je traversais un passage clouté, un taxi fonçant tenta de s'imposer au risque d'écraser le groupe de piétons dont je faisais partie, selon la règle non écrite qui régit la circulation séoulite : le plus gros véhicule à toujours la priorité. Ignorant les personnes engagées sur la chaussée, l'homme s'obstine et klaxonne de rage, au mépris des règles élémentaires du code de la route. Soudain, le taxi renfrogné découvre avec stupeur ma face d'Occidental parmi les passants. Il se plie immédiatement en deux sur son volant en guise d'excuses surjouées.

Ce réflexe pavlovien illustre de façon caricaturale le rapport complexe au monde de la Corée. Il y a toujours « eux » et « nous » (*uri*), insoluble l'un dans l'autre. Avec pour certains encore un soubassement biologique, la croyance dans la « pureté » du sang coréen, qui laisse toujours beaucoup de parents réticents à voir leur enfant épouser un ou une étrangère. Le bébé issu de cette union mixte ne saurait être « Coréen », murmure la *vox populi*. Si les mentalités évoluent à grande vitesse grâce à l'ouverture des nouvelles générations, la Corée du Sud reste un sacré défi lancé aux croyances universalistes.

16 Touristes étrangers à bord.

Ruptures créatrices

Je slalome avec peine dans la foule de touristes engorgeant les ruelles bruyantes du quartier de Myongdong. Des vendeuses armées de mégaphones alpaguent les passants en leur tendant des échantillons de cosmétiques. Désormais, elles le font en chinois plutôt qu'en japonais, signe d'un nouveau grand rééquilibrage géopolitique pour la « petite » Corée. Le retour au premier plan de l'empire du Milieu s'inscrit déjà dans le quotidien de la péninsule. Le décollage de la Chine est une chance pour les exportations coréennes, détrônant les États-Unis et l'Union européenne comme premier partenaire commercial. La seconde économie mondiale offre un immense marché à portée de main pour les *chaebols*. Mais déjà l'opportunité tourne à la menace, à mesure que Pékin accouche de nouveaux géants industriels aux ambitions débordantes. Comme le fabricant de téléphonie mobile Xiaomi qui taille des croupières à Samsung grâce à des prix plus compétitifs. La montée en gamme, la créativité et l'innovation sont les maîtres mots des stratèges coréens pour garder la distance. La présidente Park Geun-hye a mis le cap sur « l'économie créative », promouvant les start-up. Mais ces slogans touchent aux limites du modèle confucéen. « La créativité ne peut se décréter d'en haut » note Jasper Kim, professeur à l'Université Ewha, pointant les difficultés des géants sud-coréens à s'adapter. Comment un système éducatif basé sur la mémorisation par cœur et le bachotage intensif peut-il accoucher du prochain Steve Jobs ? Jusqu'à l'université, les élèves sont évalués uniquement sur des questionnaires à choix multiples, sans jamais avoir recours à une œuvre de création qualitative. Des méthodes stakhanovistes qui permettent cependant à la Corée de se placer régulièrement dans le peloton de tête du classement PISA de l'OCDE, qui évalue les compétences scolaires, loin devant les pays européens. Mais cette éducation laisse peu de place à l'imagination, comme au sommeil des enfants.

Ces questions échappent à la plupart des Sud-Coréens, dont l'existence est marquée par l'enchaînement de cycles et par des ruptures brutales, comme les saisons, en fonction de la priorité de l'heure. Après le lycée en uniforme modèle, la jeune fille peut se muer soudain en oiseau de nuit pour écumer les boîtes de Hongdae ou Gangnam. Et puis un jour le prince charmant surgit, le *dating* à l'eau de rose bat son plein à coup de dîners aux chandelles en escarpins, avant le mariage expédié dans un hôtel cinq étoiles, entouré du cercle familial, social. Et quand l'enfant paraît, la jeune *career woman* se transforme en mère tigre, abandonne sa carrière pour mieux se consacrer à la compétition éducative et sa nouvelle mission fondamentale : porter sa progéniture jusqu'au ciel, « SKY », cet acronyme magique synonyme des trois universités les plus fameuses du pays (Séoul, Korea et Yonsei)[17]. « On ne peut pas être la meilleure en faisant plusieurs choses à la fois. Si je deviens mère, je préfère donc m'y consacrer et laisser tomber ma carrière » raconte Hyemi, une manager trentenaire dans le secteur du luxe. Aujourd'hui, les nouvelles générations

17 Sky, « ciel » en anglais.

rompent avec ce modèle stéréotypé et cherchent à s'inventer leur propre vie, en slalomant entre les pylônes d'une trajectoire déjà toute tracée par la société. Mais la pression sociale reste puissante.

La vie est faite de ruptures, mais aussi de renaissances faisant fi du passé. L'oubli est l'un des secrets du dynamisme coréen, toujours tendu vers le futur, au risque de perdre son patrimoine. À l'image des quartiers traditionnels presque tous disparus à Séoul, remplacés par des tours effaçant à jamais les traces de l'histoire.

Le pendant positif de cette amnésie, c'est la foi inébranlable du Coréen en l'avenir, son appétit insatiable de nouveauté. Sa passion et sa confiance souvent aveugle en la technologie, toujours synonyme de progrès. La Corée du Sud est une nation d'*early adopters*[18] disent les marketeurs. Ainsi, elle peut se targuer du plus fort taux de pénétration de smartphones au monde, alors qu'elle fut l'un des derniers marchés développés à recevoir l'iPhone, du fait du lobbying en coulisse du mastodonte local Samsung. Un rattrapage phénoménal qui s'explique par une dynamique particulière à la société : un cocktail de conformisme et de compétition mimétique qui pousse chaque individu à émuler son voisin et à le dépasser en matière de consommation par peur du décrochage social. Voilà le secret de la montée en gamme permanente de ce pays. Lorsque Samsung livre un nouvel écran plat à Gangnam,

18 Littéralement « premiers à adopter ».

il le fait savoir à tout le quartier sur un panneau félicitant « M. Kim, habitant à l'appartement Lotte Castle, Block 2, appartement 1402 » pour son achat. Une arme marketing imparable. Dans les heures qui suivent, la voisine de palier se plaindra à son mari de sa vieille télévision. Il en sera de même si le petit voisin prend des cours d'anglais à domicile dès l'âge de trois ans. Pas question que son propre rejeton décroche.

Mais cette insatiable fuite en avant se heurte depuis quelques années à des contraintes nouvelles. La croissance atterrit sous la barre des 3 % et la population vieillit à vue d'œil, du fait d'un taux de natalité parmi les plus faibles de la planète. Désormais, le chômage guette une jeunesse parmi les plus diplômées du monde. Un enjeu politique majeur pour les dirigeants, alors que les parents investissent une part majeure de leurs économies dans les études de leurs enfants, avec la certitude de les voir monter plus haut qu'eux. L'ascenseur social fulgurant des 30 dernières années se grippe pendant qu'un nombre croissant de baby boomers doit vendre leur logement pour faire face à leurs vieux jours, faute d'une retraite suffisante. Un État providence encore balbutiant peine à prendre le relais d'une solidarité familiale confucéenne qui s'étiole auprès des nouvelles générations.

Dilemmes géopolitiques

La montée en puissance chinoise rebat également le jeu géopolitique régional et place de nouveau Séoul face à un dilemme ancien. Tout comme la Pologne, la Corée est une « nation martyre » de l'histoire du fait de sa position géographique inconfortable entre deux mastodontes. Déjà au dix-neuvième siècle, la péninsule fut prise en tenaille entre un empire mandchou finissant et la montée en puissance du Japon militariste, qui finit par la coloniser, profitant de la faiblesse du « suzerain » chinois. Après avoir vaincu la Russie qui lorgnait sur la péninsule, Tokyo fait de la Corée un protectorat en 1905. Avant de l'annexer purement et simplement en 1910. Une occupation brutale, niant la culture coréenne au point de forcer la population à changer de nom de famille au profit de patronymes nippons. L'exploitation économique et l'enrôlement forcé de jeunes femmes « de réconfort » pour servir dans les bordels de l'armée impériale restent marqués au fer rouge dans la conscience coréenne aujourd'hui[19]. Chaque année, des dizaines de milliers de touristes patriotes bravent deux jours de navigation houleuse pour poser 20 min sur un débarcadère de Dokdo, un îlot rocheux battu par les vents et toujours réclamé par Tokyo. Depuis la visite sans précédent de ce lieu sensible par le président conservateur Lee Myung-bak à la fin de son mandat en 2012, les relations diplomatiques avec l'ancien maître colonial sont acrimonieuses, en dépit d'un traité bilatéral conclu en 1965 en pleine guerre froide, réglant les contentieux coloniaux sous l'œil du grand frère américain.

19 Ce dossier a empoisonné jusqu'à aujourd'hui les relations diplomatiques entre Séoul et Tokyo qui ont conclu un accord en décembre 2015 prévoyant un dédommagement pour les quelques dizaines de « femmes de réconfort » encore officiellement en vie. Environ 200 000 Coréennes aurait été enrôlées dans les bordels de l'Armée impériale japonaise durant la colonisation.

Cette résurgence des tensions avec le Japon fragilise le pilier central de l'architecture de sécurité sud-coréenne depuis la fin de la guerre : l'alliance avec les États-Unis. Washington garantit la protection de la Corée du Sud à travers un traité de défense afin de prévenir une nouvelle invasion nord-coréenne. Depuis le débarquement surprise de McArthur dans la rade d'Incheon en réponse à l'attaque éclair lancée par Kim Il-sung en 1950, le Pentagone a fait de la Corée une pièce maîtresse de sa stratégie de *containment* en Asie. Le développement de l'arme nucléaire et des programmes balistiques sous Kim Jong-il ont maintenu cette menace, en dépit de la fin de la guerre froide. Une présence militaire encore visible au cœur de Séoul, où une base de GI's occupe le cœur de la ville, près du quartier d'Itaewon, lieu de sortie longtemps jugé mal famé du fait de la présence de troupes américaines, coupables d'exactions et de viols, nourrissant un antiaméricanisme toujours vivace.

Mais désormais, la nouvelle puissance chinoise est la véritable inquiétude des stratèges américains, qui voient toujours dans la péninsule un « porte-avions » idéal pour surveiller Pékin. Et les ambitions atomiques du jeune dirigeant Kim Jong-un leur offre un prétexte en or pour maintenir des Marines à pied d'œuvre, prêts à bondir jusqu'au fleuve Yalu et la frontière sino-nord-coréenne en cas de conflit. À Séoul, les généraux américains sont toujours en charge de l'OPCON, le commandement des opérations militaires en cas de guerre.

La montée des tensions sino-américaines place de nouveau Séoul dans une situation inconfortable entre son protecteur stratégique et son premier partenaire commercial. Depuis son arrivée au pouvoir en 2013, la présidente Park, forte de sa maîtrise du mandarin, s'est rapprochée du président chinois Xi Jinping, jusqu'à assister à une parade militaire sur la place Tiananmen, irritant la Maison-Blanche. Une manœuvre visant à isoler un peu plus la Corée du Nord. En retour, Séoul hésite toujours à rejoindre le bouclier antimissile américain, un dispositif visant officiellement Pyongyang, mais qui en réalité cible d'abord Pékin.

Depuis le retour au pouvoir du très nationaliste Shinzo Abe à Tokyo, Séoul penche un peu plus vers la Chine, renouant avec sa tradition séculaire. « Nous avons instinctivement tendance à voir les Chinois comme nos amis et le Japon comme notre ennemi ancestral » résume un diplomate sud-coréen. Au risque d'être la victime d'un grand marchandage entre Pékin et Tokyo. Séoul est-il prêt à redevenir le vassal de la future grande Chine, comme à l'époque de Joseon ? Devenue une des démocraties les plus passionnées d'Asie, la société sud-coréenne ne ressemble plus à un docile petit frère d'une Chine autoritaire. Mais son aversion viscérale pour l'ennemi nippon et ses relents d'antiaméricanisme compliquent son horizon géopolitique à l'heure où le bras de fer États-Unis – Chine se durcit en Asie Pacifique.

« Notre nation »

Reste la question obsédante et originelle de la division de la péninsule et le rêve toujours érigé de la « réunification ». Peut-il un jour se réaliser ? « J'espère que cela arrivera un jour, mais quand je serai vieille ! » m'a lancé Eunjee, une étudiante, résumant le sentiment des nouvelles générations nées si loin de cette sœur ennemie, postée à seulement 40 km de Séoul. Le « modèle » allemand fait peur. Pour les Sud-Coréens, la réunification coûtera cher et risque d'entamer à coup d'impôts tous les bénéfices chèrement engrangés du miracle économique. Sans compter la peur d'un afflux de réfugiés misérables, facteur d'insécurité et de frictions sociales. Pourtant, les dirigeants des deux Corée continuent de brandir cet étendard, comme un rituel. Abandonner ce rêve serait trahir *Urinara*, « notre nation ».

Au début des années 2000, l'espoir a pris corps sous l'impulsion du président Kim Dae-jung qui tint un sommet historique avec le dirigeant nord-coréen Kim Jong-il. Cette politique de rapprochement, dite du « rayon de Soleil », vaudra le prix Nobel de la paix à ce charismatique dirigeant, à la pointe du mouvement démocratique. Cette version coréenne de l'*Ostpolitik* de Willy Brandt pose les jalons d'un rapprochement avec Pyongyang, à coup d'aide économique, donnant naissance au parc industriel de Kaesong. Une enclave industrielle au nord des barbelés où des entreprises du Sud « capitaliste » emploient plus de 52 000 ouvriers nord-coréens. Un embryon de réunification.

Mais cet élan va se fracasser sur l'écueil du programme nucléaire nord-coréen, sur fond de bras de fer avec les États-Unis. Le président George W. Bush a placé Pyongyang sur « l'axe du Mal » au lendemain des attentats du 11 septembre 2001. La Corée du Nord répliqua par un premier test atomique en 2006. En dépit d'un accord arraché par le président néoconservateur à la fin de son mandat, Kim Jong-il relance son programme et défie la communauté internationale en conduisant un nouvel essai en 2009. Depuis, les négociations à six (Chine, États-Unis, Japon, Russie et les deux Corée) visant à la dénucléarisation de la péninsule, sont dans l'impasse. La République populaire de Corée (RPDC) poursuit ses programmes nucléaires et balistiques sous la houlette de son jeune héritier Kim Jong-un, éduqué en Suisse. Pyongyang teste pour la première fois en 2017 un missile intercontinental balistique (ICBM), capable de menacer le territoire américain, défiant Donald Trump. Ce coup d'éclat débouche sur une poignée de main historique entre Kim et l'imprévisible hôte de la Maison-Blanche, par l'entremise du président sud-coréen Moon Jae In. Mais la lune de miel a fait long feu entre Séoul et Pyongyang, et le dialogue de sourd se poursuit, émaillé de tests de missile de part et d'autre de la DMZ. Ces abcès de tensions font la une de la presse mondiale, mais les risques d'un conflit d'ampleur sont jugés minimes par les experts, tant le régime de Pyongyang risque sa survie face à l'armada technologique américaine.

L'espoir d'une réunification semble lui toujours plus utopique, à mesure que les deux sociétés s'éloignent l'une de l'autre, voire s'oublient. Les jeunes générations sud-coréennes affichent une indifférence flegmatique à l'égard de leur voisin, contrastant avec le déchirement ému de leurs aïeux, dont certains ont encore un frère, une sœur, voire une épouse de l'autre côté du rideau de fer.

Pourtant, la réunification plane toujours dans la conscience coréenne et dans l'esprit des stratèges de Séoul. Un devoir atavique, mais également un enjeu géopolitique et économique. Car une Corée réunifiée donnerait naissance à un nouveau poids lourd régional. Une économie de 70 millions d'habitants qui serait plus puissante que l'Allemagne à l'horizon 2040, affirmait un rapport de Goldman Sachs en 2009. Un fantasme aux allures d'aiguillon pour le nationalisme coréen, à l'heure où son taux de croissance s'essouffle sur fond de vieillissement accéléré de sa population. Les 23 millions de Nord-Coréens offriraient à Samsung ou Hyundai un réservoir de main-d'œuvre à portée de main, partageant la même langue et culture de l'effort. Le développement spectaculaire d'une économie marchande souterraine en Corée du Nord ces dernières années confirme ce potentiel. Le Nord pourrait devenir la « nouvelle frontière » des *chaebols*, alors que les perspectives d'expansion à l'international stagnent sur fond de concurrence toujours plus pressante. Les grands moteurs de croissance de Séoul sont à la peine, à l'image des centrales nucléaires et TGV qu'ils ont du mal à exporter.

Cette perspective fait figure de chimère, sur fond de tensions militaires Nord-Sud persistantes. « Les grands *chaebols* ne sont pas du tout prêts à la réunification » juge un stratège d'un grand groupe. Mais la « satellisation » croissante de la Corée du Nord par les investisseurs et commerçants chinois rendent la question plus pressante que jamais en mettant en péril une nouvelle fois l'unité millénaire de la péninsule. Avec pour enjeu la survie d'une « nation » qui a su pendant des siècles résister avec force et habileté à une dilution dans l'immensité chinoise. Séoul et Pyongyang sont-ils prêts à une paix des braves pour poursuivre cette destinée historique ? Le jeune Kim Jong-un osera-t-il desserrer l'étau du totalitarisme ? Sa dépendance toujours plus forte vis-à-vis du parrain chinois pourrait-elle le pousser à se tourner vers le sud pour prévenir une satellisation ? Et la société sud-coréenne sera-t-elle capable de saisir l'opportunité si elle s'offre à elle ? Ce sont les questions passionnantes qui attendent cette péninsule à fleur de peau dans les prochaines décennies. Une nation toujours tendue vers l'avenir, pragmatique, mais capable des plus étonnants sursauts lorsqu'elle est touchée au cœur. La Corée n'a pas fini de surprendre le monde !

ENTRETIEN

Benjamin Joinau

« Un pays en guerre avec lui-même »

Il faut traverser les ruelles grouillantes de jeunesse du quartier de Hongdae, à l'ouest de Séoul, pour rejoindre son bureau. Ici, Benjamin Joinau est une rareté. L'un des rares *weguk saram* (étranger), à avoir un poste de professeur titulaire dans une université coréenne, où il enseigne dans la langue locale. Il en retire la fierté de celui qui connaît le prix de la persistance dans ce pays forteresse où il est installé depuis une vingtaine d'années. Anthropologue, ancien élève de l'École des hautes études en sciences sociales (EHESS), Joinau est un pionnier de la Corée du Sud moderne qu'il a sillonnée dès les années 1990, lorsqu'elle était encore hors des sentiers battus. Fondateur du Saint Ex, un bistrot français devenu une institution de Séoul, il dirige également L'Atelier des Cahiers, une maison d'édition offrant un autre regard sur l'Asie. Au troisième étage du bâtiment C du campus de l'Université Hongik, le professeur Joinau nous reçoit dans son bureau à la nuit tombée. Après une longue semaine, il fait bouillir de l'eau, laisse le thé infuser lentement et la discussion commence.

Qu'est-ce que le *jeong*, cette notion si essentielle à la société coréenne ?

C'est la relation qui va lier deux personnes, une relation cumulative, car elle se crée à travers le temps, et non pas du jour au lendemain. Ce n'est pas un coup de foudre, comme lorsque l'on tombe amoureux. C'est quelque chose qui se construit au fil des aléas de la vie, des partages d'expérience, des bons et des mauvais moments, des engueulades aussi. C'est une relation qui n'est pas créée sur une décision rationnelle, mais sur une expérience partagée. Elle crée un capital affectif qui va permettre de développer quelque chose de plus profond, de plus fort. Le *jeong* est quelque chose qui monte en soi et en l'autre, avec le temps. On peut aussi « perdre » le *jeong*.

Est-ce une particularité de la Corée ?

C'est très important en Corée, mais aussi ailleurs en Asie. L'individu s'y définit plus dans la relation que comme être en-soi. Cela se traduit dans la langue : en français, on a deux pronoms pour s'adresser à l'autre : « tu » et « vous ». En coréen, il n'y a pas d'équivalent, mais une multitude d'expressions en fonction du moment et de la personne à qui on a affaire. Ici, ce qui compte, c'est la relation entre deux points, comme par exemple l'espace qui est défini par le vide créé entre deux piliers ou colonnes. Comme en linguistique, pourrait-on dire, le sens n'apparaît que quand il y a deux éléments au moins mis en rapport. C'est ce qui explique pourquoi la relation est si importante dans le fonctionnement de cette société, en particulier la place dans la hiérarchie, les titres, etc.

La philosophie occidentale cherche une permanence dans l'impermanence. Alors qu'en Corée, on assume totalement l'impermanence en se souciant moins de la substance.

Pourquoi la Corée est souvent décrite comme la société la plus « collectiviste » d'Asie ?

Je me méfie du mot « collectivisme » qui renvoie dans notre imaginaire au communisme, aux kolkhozes ! Ce n'est pas du tout l'esprit coréen. Il pourrait faire croire que les Coréens sont tournés vers le groupe en général : ce n'est pas vrai, ils sont tournés vers les groupes. C'est un individualisme de groupes qui définit la société coréenne. Ce serait faux de ne pas voir le caractère individualiste très fort de ce peuple. La notion de nation au sens moderne est arrivée très tardivement à la fin du dix-neuvième siècle. La Corée est alors une société clanique. Les Coréens se définissaient donc d'abord par rapport au clan, au village, aux liens familiaux et sous le royaume du Joseon, pour ceux qui venaient de familles de lettrés, par l'académie confucéenne où ils avaient étudié. C'était l'équivalent des partis politiques d'aujourd'hui, comme être de gauche ou de droite. Cet esprit est resté. On appartient à des cercles. L'individu coréen est à l'intersection de plusieurs cercles : l'école, le régiment, l'université, l'entreprise. Le cercle le plus large est la nation, mais ce n'est pas le plus immédiat. Et tout ce qui ne fait pas partie de ces groupes n'existe pas. C'est ce qui peut expliquer qu'on peut avoir le sentiment que les Coréens sont très « collectifs » tout en manquant d'esprit civique, ou qu'ils sont nationalistes et individualistes à la fois.

Quel est le ressort de l'extraordinaire « miracle économique » sud-coréen ?

C'est certainement la dictature, une concentration imposée du pouvoir. Il ne faudrait pas croire que c'est la « nature intrinsèque » de la nation coréenne qui a permis ce succès. Ce serait une explication « culturaliste » ou « essentialiste ». C'est le fait qu'il y a eu des dirigeants qui ont su utiliser à leurs fins des éléments culturels comme cette tendance à adhérer fortement à des groupes et à s'y définir. À partir de Park Chung-hee (1961–1979), il y a eu une volonté très nette de « néoconfucianiser » la société. Il ne faut pas croire qu'à la fin du dix-neuvième siècle chaque famille avait son arbre généalogique, faisait des sacrifices aux ancêtres. C'est faux. Jusqu'au début du vingtième siècle, il y avait une majorité d'esclaves, et de « hors caste » pour qui il était inimaginable d'entretenir un culte aux ancêtres comme presque tout le monde le fait désormais. Il y a une confucianisation récente utilisée par les pouvoirs, car c'était un moyen pratique d'avoir une main-d'œuvre disciplinée.

Cela a permis le développement de la Corée, qui a bénéficié à tous. Et les Coréens ont alors appris à se voir comme un peuple un, unique, selon une théorie raciale du sang. En réalité, ils appartiennent à des groupes différents, qui ont toujours du mal à vivre ensemble, comme tout le monde. On le voit en permanence, aujourd'hui avec les grandes manifestations, les affrontements politiques récurrents.

Mais d'où vient la rapidité exceptionnelle de ce développement ?

Il faudrait regarder de près les indicateurs pour voir si le développement de la Corée a été plus rapide que ce que l'on voit en Inde aujourd'hui, ou en Chine. Il faut faire attention car ces assertions touchent à nos stéréotypes, à la façon dont nous voulons voir le « miracle du Han ». C'est une idéologie que nous avons transmise aux Coréens et qu'ils nous resservent. Mais est-ce vraiment un miracle, c'est-à-dire un phénomène unique en son genre ?

Après la guerre, la France s'est redéveloppée en 30 ans. Les pays européens sont repartis de zéro en 1945, il y avait des millions de sans-abri. Je n'ai pas vu de chiffres qui prouvent que le dynamisme coréen est quelque chose qui n'a jamais été vu dans l'histoire de l'humanité. En revanche cela fait partie de la façon dont les Coréens se « vendent » désormais. Ce qui est avéré, c'est l'entrée brutale et assez rapide de la Corée dans l'ère industrielle. Il y a bien eu un dynamisme extraordinaire, mais surtout parce que les Coréens ont fait face à une situation particulière et extrême qui les obligeait à sortir de la détresse totale dans laquelle ils se trouvaient en 1953, comme pays le plus pauvre du monde après le Bangladesh. Ils n'avaient pas le choix, il n'y avait rien, il fallait tout moderniser rapidement ou repasser sous le joug de puissances extérieures.

Pourquoi la Corée du Sud semble toujours tendue vers l'avenir, en quête de nouvelle frontière ?

Ce n'est pas une qualité intrinsèque aux Coréens. Jusqu'au dix-neuvième siècle, les descriptions de ce pays montrent exactement l'inverse. Ils sont décrits comme paresseux et indolents, c'est un pays « calme » et conservateur, hors du temps, selon les voyageurs occidentaux de l'époque.

Comment est-on passé du « pays du Matin calme » à la trépidation ?

Les Coréens ont été poussés hors d'eux-mêmes par des

conditions historiques, économiques et sociales particulières. Il faut considérer le contexte historique, notamment celui de la dictature, qui a été nourri par un ensemble de contradictions internes. Pourquoi une société est-elle vivante ? Non pas parce qu'elle est équilibrée, mais parce qu'elle connaît des clivages créatifs. La division de la Corée a créé une dynamique. Il n'y a pas de chute plus grande pour une nation que d'être divisée. C'est un trauma essentiel et fondateur de la modernité coréenne. Le fait d'être divisé est un des moteurs clés qui a été ensuite alimenté par toutes sortes d'énergies – la dictature, la guerre, la reconstruction et l'utilisation concertée du nerf nationaliste pour motiver les troupes. La Corée du Sud est une société très clivée avec des oppositions très fortes entre Séoul et la campagne, entre les pauvres et les riches, les vieux et les jeunes. Les clivages de génération sont impressionnants. Ce sont autant de contradictions qui sont créatrices. C'est lorsqu'on frappe deux pierres l'une contre l'autre que jaillit l'étincelle. Cette dynamique incroyable de la Corée est née justement de la dimension polémique. À cause de toutes ces guerres et luttes internes, les Coréens ne peuvent pas s'arrêter. Ils sont littéralement en guerre avec eux-mêmes. Nous sommes dans un pays qui n'a jamais signé de traité de paix. Et c'est pour ça que nous sommes dans un contexte radicalement nouveau par rapport à celui du royaume du Joseon. Une situation nouvelle, qui a poussé les Coréens hors d'eux-mêmes, hors de la tranquillité du Matin calme et du « royaume ermite ».

Comment expliquer que la colonisation reste un traumatisme vivace encore aujourd'hui ?

On n'a jamais eu dans la région un travail de mémoire tel que celui que nous avons opéré en Europe et qui peut s'apparenter à une forme de psychothérapie collective. De plus, les Coréens ont une relation très complexe à la modernité « occidentale ». Cela part de l'arrivée du christianisme et des Occidentaux, symboles de la modernité. Ce processus accouche de la colonisation et de la division du pays par un effet domino. Toute une série de chocs en succession qui font que les Coréens se construisent selon cette modernité, mais en même temps savent qu'elle est à l'origine de leur malheur contemporain. C'est un peu comme s'ils avaient adopté la religion de celui qui a tué leur père.

Un des premiers électrochocs est la rencontre avec l'Occident dès les dix-septième et dix-huitième siècles à travers les lettrés qui découvrent la « science » occidentale via les jésuites en Chine. Ils découvrent qu'il y a une autre vision du monde. Cela est associé très vite à la religion chrétienne, qui attire mais remet en cause la vision coréenne traditionnelle très pyramidale, d'héritage chinois, construite autour de la figure du roi. Le second électrochoc est l'arrivée des puissances occidentales et du Japon qui a adopté les outils impérialistes de l'Occident. La modernité est alors vécue comme une attaque, comme un viol. On se sent dépossédé de soi. Et s'installe alors le sentiment d'être une victime de l'Histoire. Tous les pays d'Asie n'ont pas vécu cela de cette manière. Certains ont reçu la modernité de façon très lente et d'autres n'ont jamais été colonisés comme la Thaïlande, et ont donc une manière de la vivre très différente.

Pourquoi les Coréens sont-ils présentés comme un peuple passionné?

On est dans un système culturel où l'émotion prime sur la raison. C'est une conséquence d'un système éducatif qui met beaucoup moins l'accent sur l'approche argumentative. À l'école, on fait des QCM, mais pas de philosophie. Quand on n'a pas ces outils-là, on réagit avec ce que l'on a à sa portée: les sentiments et les émotions. Cette société a cultivé cette dimension affective. N'est-ce pas aussi une manière de maintenir les gens dans une forme d'aliénation?

À quel point le bouddhisme a-t-il façonné la Corée d'aujourd'hui?

Il a eu une influence forte sur les valeurs « non quantifiables », comme quand on parle des valeurs judéo-chrétiennes en Occident. On a tous baigné dans ces valeurs-là, qu'on soit chrétien pratiquant ou non. Souvent on se dit bouddhiste en Corée, comme on se dit catholique en France. C'est-à-dire que l'on va à l'église pour son mariage, pour le baptême du petit et aux enterrements. C'est pareil en Corée. Tout Coréen sait ce qu'est le karma. Mais pour ce qui est de l'appartenance religieuse, on a presque autant de chrétiens que de bouddhistes en Corée. La véritable différence, c'est la pratique: ceux qui s'engagent vraiment en priant, en allant au temple ou à l'église et en donnant une partie de leur salaire à la communauté, ce sont plutôt des chrétiens.

Qu'est ce qui fait donc courir sans cesse les Coréens?

C'est une question très difficile. Il y a cette vieille blague ici qui dit : « On avance, on avance, mais on ne s'est jamais demandé vers où ». On peut avancer sans avoir un but. C'est un peu le développement à la coréenne. Cela ne fait que quelques années que l'on commence à s'asseoir de temps en temps au bord de la route pour réfléchir au chemin et à l'environnement. Aujourd'hui, il y a plus de réflexions globales des dirigeants, des centres de recherches, des institutions pour préparer l'avenir. Mais le Coréen moyen a un sentiment croissant, partagé dans beaucoup de pays développés, de ne pas savoir pourquoi il travaille, se développe. La question est arrivée en force à l'occasion de la crise financière de 1997–1998. Depuis cette époque, cette question nous hante, elle plane au-dessus de nous.

La question qui se pose aujourd'hui pour la Corée du Sud est : « Et maintenant, quel est le sens de tout ça ? »

Exactement. Un anthropologue coréen parlait même de nihilisme pour décrire la société sud-coréenne d'aujourd'hui. J'ai trouvé cela assez fort comme assertion, mais finalement, il peut être intéressant d'y voir une modernité nihiliste. Pas au sens actif nietzschéen, mais au sens où l'on se demande finalement quelle est la valeur profonde qui fait bouger cette Corée au-delà des motivations matérialistes. La question est bonne, le problème est que ni les Coréens, ni nous n'avons de réponse. C'est assez angoissant, car il y a cette impression que le système tourne désormais à vide. À l'image du succès extraordinaire de la Hallyu, la « vague coréenne » qui a pour ambition de conquérir tous les continents. Quel est le message qu'elle souhaite délivrer à l'humanité ? Quel est le but ? Les études coloniales nous ont appris à critiquer l'impérialisme occidental qui se disait fondé sur l'universalisme des valeurs exportées. Tout au moins y avait-il un idéal repérable, une idéologie analysable et critiquable. On a l'impression que la K-Pop n'est qu'un véhicule sans contenu.

Pourtant, la Corée du Sud devient un phare dont tous les pays d'Asie veulent s'inspirer. N'est-ce pas ironique ?

Exactement, ils sont devenus un modèle, mais de quoi ? Fondamentalement, c'est la problématique de toutes nos sociétés de l'hémisphère Nord. Pourquoi le développement ? Pendant longtemps l'équation a semblé simple : le développement économique et scientifique pour le bonheur de tous. Maintenant, on sait que l'équation ne fonctionne pas, elle est devenue plus compliquée. Les Coréens ont été précipités dans ce processus et projetés dans une logique qui a marché pendant une cinquantaine d'années, mais qui est maintenant de moins en moins claire. Cette course au développement implique-t-elle de laisser les vieux en arrière ? D'amener plus d'immigrés dans le pays ? La Corée du Sud est confrontée à une grave crise démographique et l'arrivée de migrants, non seulement pour la main-d'œuvre mais aussi pour répondre à la crise de la nuptialité, va engendrer des problématiques nouvelles dans la péninsule. Le pays est-il préparé à ce nouveau défi du multiculturalisme ? À cet égard, la Corée inventera peut-être son propre modèle, mais elle devra, c'est évident, se tourner vers les sociétés qui ont déjà traversé ce genre de situation.

La Corée du Sud est en fait un précipité de notre modernité?

Oui, la Corée, c'est un laboratoire de notre postmodernité. Dans les années 1980, Leonard Cohen avait décidé de se retirer dans un monastère à Los Angeles, car pour lui c'est dans cette ville qu'allaient avoir lieu tous les contenus de la modernité. De même, dans les années 2000, je dirais que j'habite à Séoul car c'est une ligne de crête. C'est devenu un lieu où l'on expérimente notre hypermodernité. C'est un pays moins régulé que l'Europe, donc il peut aller plus loin dans les expérimentations, comme celles sur le génome ou sur le corps, à l'exemple de la chirurgie esthétique. En tant qu'Occidentaux, cela nous travaille beaucoup. La Corée a ainsi un effet miroir. Elle nous renvoie à nos questions. Elle a un pouvoir à la fois utopique et dystopique. Pour les médias occidentaux, c'est le modèle même du dynamisme face à la vieille Europe vue comme décadente, déclassée, bloquée. Pour certains, tout le monde devrait devenir Coréen. Pour d'autres, c'est le repoussoir absolu, le matérialisme abject, les excès de la technologie, bref le cauchemar de la modernité.

Pourquoi la Corée?

La Corée me touche, car il y a une épaisseur culturelle et historique qui s'ajoute à cette part superficielle. L'histoire, la culture, la gastronomie, une tradition d'artisanat. Il y a une profondeur et une identité culturelles. Ces dernières années, la Corée du Sud a beaucoup évolué dans la mise en valeur de son patrimoine. Dans les campagnes, on trouve des restaurants authentiques, des maisons traditionnelles où l'on peut séjourner, un tourisme vert, etc. Ils ont fait des efforts incroyables, grâce notamment à la décentralisation. Et Séoul change aussi, se transforme, comme les pratiques des Coréens, plus tournés vers le temps libre et la jouissance. Aujourd'hui, c'est un pays où il fait bon vivre – au moins comme étranger !

ENTRETIEN

Park Tae-Gyun

« La Chine est notre grand frère, les Japonais des envahisseurs »

Sur l'immense campus de l'Université nationale de Séoul (SNU) accroché au flanc du mont Gwanak, au sud de la capitale, le professeur Park Tae-Gyun nous reçoit dans son bureau du centre pour les études internationales. Nous sommes au cœur de la plus prestigieuse université du pays, le Graal dont rêvent tous les parents sud-coréens pour leur progéniture. Trapu et bonhomme derrière ses lunettes à grosses montures sombres d'intello, le professeur Park est l'un des meilleurs spécialistes de l'histoire de la Corée moderne. Et l'un des rares à manier l'anglais avec aisance. Il a mené sa thèse de doctorat sur les ressorts du développement économique coréen avant de se spécialiser sur les relations tumultueuses entre Séoul et Washington. Son livre dédié à ce sujet clé, *Un allié et un empire*, a été traduit en anglais en 2012. Dehors, derrière les vitres, l'hiver sort ses griffes mais il fait bien chaud dans ce bureau éclairé à la lumière blanchâtre des néons.

Le miracle économique coréen est-il le fruit d'une revanche nationale suite à l'humiliation coloniale japonaise ?

La nation coréenne est obsédée par l'idée de rattraper le Japon, au lendemain de la décolonisation. Cela lui apparaît la réponse logique après la libération. Mais les dirigeants sud-coréens font face au même moment à une autre urgence. Ils doivent remporter la lutte face à la Corée du Nord. À l'époque, l'économie du Nord était plus développée que celle du Sud et le restera jusqu'aux années 1970. Cela explique l'une des contradictions des Sud-Coréens à l'époque de la dictature durant les années 1960 et 1970. D'un côté, ils dénoncent l'autoritarisme mais en même temps ils ont conscience que le développement du pays est prioritaire. C'est une question de survie.

Dans ce contexte, le Japon est-il devenu un modèle ?

Les Coréens entretiennent deux visions contradictoires du Japon. D'un côté, il est l'ennemi et la population nourrit une profonde répulsion à son égard. De l'autre, les Coréens voient en lui un modèle pour leur avenir. Car les entreprises coréennes jugent que le contexte japonais est bien plus proche de la Corée que celui de l'Europe et des États-Unis et peut donc être une référence, un « benchmark ». On peut donc le copier. De plus la culture japonaise est familière pour les différentes générations coréennes du fait de la colonisation (1910–1945). La population connaît la langue nipponne, a lu la littérature de l'Archipel, bien plus que les livres en anglais. Du coup la Corée est à la fois un compétiteur mais parfois également un clone du Japon.

Les tensions entre Séoul et Tokyo ressurgissent nettement aujourd'hui, alors que la Corée du Sud a pourtant réussi son développement. La Corée n'a donc toujours pas digéré l'époque coloniale ?

Effectivement, je crois que ce n'est toujours pas le cas. Il faut également voir que les politiciens attisent le ressentiment antijaponais à des fins politiques. Jouer du nationalisme est toujours une façon pratique de faire diversion pour camoufler des difficultés intérieures. Les deux gouvernements ont intérêt à entretenir ce sentiment. L'exemple le plus flagrant est la visite spectaculaire en 2012 du président Lee Myung-bak sur l'île de Dokdo (territoire contrôlé par Séoul mais réclamé par Tokyo). Une première pour un président sud-coréen. Avant cela, la plupart des Japonais ne connaissait même pas l'existence de Dokdo. Désormais, l'opinion japonaise est sensibilisée. Ce voyage fut une erreur sud-coréenne.

Mais les dirigeants japonais ont également leur part de responsabilité. À partir des années 1990, les Japonais ont commencé à se sentir menacé par la montée en puissance économique de leur ancienne colonie, au moment où ils entraient eux-mêmes dans une phase de stagnation économique. Samsung a rattrapé Sony puis l'a dépassé. Au début il copiait Sony, désormais il innove. Les Japonais ont eu l'impression d'être en crise et le rattrapage coréen en est devenu l'illustration. Depuis quelques années, la droite nationaliste est revenue aux affaires à Tokyo et a une influence croissante, attisant le sentiment anticoréen.

La Corée se sent-elle traditionnellement plus proche de son autre grand voisin, la Chine ?

Absolument, même si elle a dû subir deux grandes invasions en provenance de Chine durant son histoire. D'abord les Mongols, puis au dix-septième siècle par la dynastie

Mandchoue des Qing. Mais dans les deux cas, il ne s'agissait pas d'agressions conduites par le peuple Han, majoritaire en Chine, mais par des minorités au pouvoir. Alors que côté japonais, les Coréens ont un souvenir très ancré de la guerre lancée en 1592 par Hideyoshi et qui dura sept ans, puis bien sûr la colonisation de plus de 35 ans au vingtième siècle. Dans l'esprit des Coréens, les dynasties chinoises Song ou Ming ont au contraire tenté de les protéger des dangers extérieurs, notamment le péril mandchou au dix-septième siècle, puis celui du Japon à partir du dix-huitième siècle. Pour eux, la Chine est une sorte de « grand frère » alors que les Japonais sont des envahisseurs. À partir de la fin du dix-neuvième siècle, cette vision traditionnelle évolue chez certains intellectuels qui voient dans le Japon un modèle de modernisation, avant d'en faire une référence. Mais encore aujourd'hui, la plupart des Coréens nourrissent une méfiance vis-à-vis de l'Archipel.

Comment la Corée a-t-elle réussi à garder son identité face à son immense voisin chinois ?

C'est le fruit du système tributaire typique de l'empire chinois. Le Vietnam a réussi la même chose. Ces pays payaient un tribut à la Chine qui en retour garantissait leur sécurité et leur autonomie. Une forme d'alliance similaire à ce qui s'est passé pendant la guerre froide lorsque de nombreux pays se sont soumis aux États-Unis. Néanmoins, un facteur favorable tient au fait que la Corée a subi moins d'invasions chinoises que le Vietnam. Cela s'explique par la pauvreté du pays. La Corée n'avait pas de sol fertile, ni de grandes ressources économiques et n'attirait donc pas les grandes puissances, hormis pour des positionnements militaires. Du point de vue chinois, la péninsule n'était pas assez attractive pour être occupée. C'est pourquoi l'empereur se contentait d'envoyer un émissaire une fois par an pour contrôler ce qui se passait sur la péninsule.

Aujourd'hui, la Chine redevient une grande puissance. Quel est l'impact pour la Corée du Sud ? Peut-on voir revenir une forme de système tributaire ?

Je ne le pense pas. À court terme, le retour de la Chine est plutôt positif pour la Corée. Car la croissance chinoise offre de nouvelles opportunités, en particulier sur le plan économique. Elle est devenue le premier marché d'exportation des entreprises coréennes et je pense que cela peut continuer. Mais à long terme, nous devons réfléchir aux risques posés par l'expansion de la puissance chinoise. Elle développe notamment sa dimension militaire. La principale inquiétude provient du risque d'instabilité politique intérieure de notre premier partenaire commercial. Si la politique, l'économie et la société en Chine basculent dans l'instabilité, les conséquences sur la Corée pourraient être très graves.

Mais entre-temps, la Corée est devenue démocratique et la Chine est toujours une dictature.

La Corée n'est pas si démocratique. De nombreuses voix dénoncent les retours en arrière du gouvernement actuel. Il est également très intéressant de noter l'affinité de la présidente Park Geun-hye avec son homologue chinois Xi Jinping.

Comment décrire les relations entre la Corée du Sud et les États-Unis ? Peut-on parler d'une relation « d'amour-haine » ?

Les États-Unis sont un allié important de la Corée, qui garantissent sa sécurité via un traité de défense mutuel. Nous sommes également liés par un accord de libre-échange avec une forte interpénétration économique. Pourtant, beaucoup de Coréens estiment que la relation est inégale et à leur détriment. À l'origine, la présence de GI's postés dans le pays est mal acceptée. L'opinion ressentait très mal le fait que les soldats américains postés en Corée ne puissent être jugés par leurs tribunaux lorsqu'ils commettaient des crimes, dont des viols. Ils s'en sont plaints ouvertement. Un tournant a eu lieu en 1980, lorsque les autorités américaines ont laissé la dictature déployer des militaires sud-coréens dans la ville de Gwangju pour réprimer les manifestants de la cause démocratique. À cette époque, beaucoup ont jugé que l'Amérique avait de fait contribué à ce massacre de centaines de civils innocents qui fut une étape majeure de la lutte pour la démocratie.

Depuis la fin des années 1990, l'antiaméricanisme a évolué pour dénoncer un nouvel « empire » global. Néanmoins, le rapport est ambivalent, à l'image des étudiants qui critiquent l'Amérique, mais rêvent tous d'aller étudier dans les universités américaines. Aujourd'hui, l'amour prend progressivement le dessus sur la haine.

Un point particulier à la Corée est la forte corrélation entre la perception des États-Unis et celle de la Corée du Nord. Dans la plupart des pays d'Asie, on oppose États-Unis et Chine. Ici, si vous êtes très critiques de Pyongyang vous êtes généralement très pro américain. Et vice versa.

Les sondages d'opinion montrent que ceux qui voient en la Corée du Nord une partie de la nation coréenne sont en général très antiaméricains.

En tant qu'historien, comment expliquez-vous la division si radicale de la péninsule?

À l'origine, la division a été causée par les grandes puissances, pas par nous. Dès le lendemain de la défaite du Japon, la péninsule a été coupée entre Américains et Soviétiques. Mais il y avait encore la place pour une Corée unifiée. Le gouvernement américain soutenait une Corée unifiée. Mais, le problème est que la Corée s'est polarisée sur le plan politique. Au nord, les éléments les plus à gauche l'ont emporté et ont éliminé leurs opposants durant les années 1950 et 1960, sous l'égide de Kim Il-sung. En Corée du Sud, nous n'avons pas su traiter le problème des criminels de guerre qui ont continué d'occuper des postes importants dans les gouvernements. Entre ce courant droitier à Séoul et l'extrême gauche au pouvoir à Pyongyang, la conciliation est devenue impossible. Nous avons pourtant eu des opportunités de réunification, dans les années 1970 ou à la sortie de la guerre froide, notamment en 1991. Mais à chaque fois, les conservateurs au sud, et les militaires au nord ont torpillé ces espoirs.

La péninsule est donc destinée à rester à jamais divisée? Et la Corée du Sud à demeurer une nation à part entière?

À un certain moment nous devrions nous unifier. Mais pour le moment, la séparation est peut-être la meilleure des options. Peut-être serons-nous prêts dans 30 ans, 50 ans, voire un siècle. Nous avons intérêt à l'unité pour exploiter notre potentiel géopolitique, en reliant le Sud et le Nord. Aujourd'hui, la Corée du Sud n'est plus une péninsule, mais une île. Mais le Sud et le Nord sont aujourd'hui trop différents. De plus, la société sud-coréenne est très divisée entre conservateurs et progressistes au point qu'on peut même parler d'un conflit sud-sud.

Je suis en faveur d'une fédération. Même si nous avons une démocratie ici, nous devons accepter un système avec deux gouvernements séparés, à l'image de la Chine et Hong Kong. Et limiter les migrations entre les deux bords. Les transfuges nord-coréens qui rejoignent le Sud affirment rencontrer de grandes difficultés d'adaptation. Donc dans un premier temps, la priorité n'est pas la réunification mais de passer d'une situation de guerre à un régime de paix.

ENTRETIEN
Fiona Bae

« Les Coréens adorent être reconnus »

Elle est la « meilleure attachée de presse » de Seoul, selon le titre affectueux que je lui avais décerné. Après avoir mené la communication internationale du groupe financier Hyundai Card, cette quadragénaire au sourire gourmand et à l'œil sûr a lancé son agence dans le quartier traditionnel de Bukchon, promouvant les architectes et artistes sud-coréens sur la scène internationale. Ce détour par les arts lui a fait accoucher d'un livre explorant la nouvelle scène créative de Séoul, *Make Break Remix: The Rise of K-Style* qui sera publié chez Thames & Hudson en 2022. Après un détour par Hong Kong, elle s'est installée à Londres avec sa famille, où je la recontacte pour évoquer l'ascension fulgurante du *soft power* du pays de *Squid Game* et *Parasite*.

À Londres, êtes-vous surprise par la popularité désormais planétaire de la culture Coréenne ?

Oui. Il y a une dizaine d'années, j'ai commencé à percevoir un intérêt pour la Corée dans mon cercle professionnel. Seoul faisait le buzz parmi les architectes, les artistes occidentaux. Mais aujourd'hui, cela touche le grand public. À Londres, tout nouveau café ou bistro coréen devient un succès instantané. J'ai un ami dont l'établissement atteint un million de vues sur TikTok. Maintenant j'entends le dernier tube de BTS à la radio quand je conduis. Et c'est encore différent du succès de Gangnam Style (qui avait décroché le record de vues sur YouTube en 2012). À l'époque on trouvait PSY rafraîchissant, amusant. Alors qu'aujourd'hui les BTS sont respectés comme des artistes à part entière en Occident.

Et ils inventent une nouvelle façon d'être star, et de monétiser leur création…

Leur influence sur la jeunesse est extraordinaire. Ils la doivent à leur capacité à établir une relation proche avec leurs fans. Ils savent exactement comment utiliser les réseaux sociaux, tout en apparaissant authentique. Les jeunes aujourd'hui ont une capacité à discerner ce qui sonne faux. La capacité de BTS à être sincère est une clé de leur succès.

Il y a dix ans, auriez-vous pu imaginer un tel succès pour des artistes coréens ?

Je suis surprise. Je n'imaginais pas que cela deviendrait si grand, et si vite. Mais en réalité, tous les ingrédients étaient déjà là. Il y avait du talent, de l'ambition, et des artistes toujours plus tournés vers l'international, dans une société tellement compétitive qui vous pousse à vous surpasser. Leur capacité à absorber tout ce qui était « cool » sur les réseaux sociaux, grâce à l'immense influx d'information offert par les nouvelles technologies depuis une décennie, a été un facteur essentiel du décollage.

Vous avez intitulé votre livre sur le « K style » *Make Break Remix* (créer, casser, remixer). Pourquoi ?

Je voulais un titre qui illustre l'esprit du K Style, et j'ai cherché les mots-clés que j'avais glanés lors de mes interviews avec des créateurs à Séoul. Le plus évident c'était Remix, car cela revenait comme un leitmotiv pour expliquer leur façon d'absorber les tendances. Ils mixent les trends pour accoucher de quelque chose qui leur est propre. « Créer » est le second mot-clé car ces gens sont constamment en train de chercher à faire quelque chose de nouveau, à explorer. Enfin j'ai choisi *Break* (casser), car ces personnalités n'ont pas peur de casser les moules, de défier les normes. Elles sont audacieuses. Et cela me paraît important, surgissant d'une société très conservatrice et compétitive comme la Corée du Sud. Cette énergie créatrice d'aujourd'hui est une réaction à cet environnement oppressant.

On a souvent dit que les Coréens n'étaient pas capables de créer mais seulement de « copier ». Les artistes coréens sont-ils en train de transgresser cette frontière entre l'authentique et la copie, et accoucher d'une nouvelle approche de la création ?

Les Coréens ont toujours été très doués à copier les modèles, à l'exemple de Samsung qui a su répliquer aux IPhone d'Apple à la vitesse de l'éclair. Je crois que cela vient notamment d'une croissance économique très rapide, et d'une société très compétitive qui oblige en permanence à adopter le modèle le plus efficace du moment. Lorsque j'étais jeune, mes professeurs nous ont toujours encouragés à aller chercher le meilleur, pour en faire usage, sans inhibition, et avoir l'air plus sophistiqué et intelligent. Mais si vous regardez toutes les cultures et sociétés dans l'histoire, il est difficile de dire ce qui est vraiment original, car elles s'influencent mutuellement. Ce qui compte c'est d'être capable de distiller quelque chose de neuf de ce mélange.

Cette désinhibition de la copie semble un héritage du confucianisme, qui appelait les élèves à copier attentivement les maîtres. La création coréenne d'aujourd'hui n'est-elle pas une version grunge du confucianisme ?

Oui, c'est une observation très intéressante, à laquelle je n'avais jamais pensé. La culture de la copie a toujours été là, mais ce qui est nouveau, est que la jeune génération a confiance en elle pour décider ce qui est cool et ce qui ne l'est pas. Ils ont un très bon œil pour mixer un peu de hip-hop, un peu de punk avec assurance, car ils ont absorbé en ligne les contenus venus de partout.

Mais il y a une particularité à la scène culturelle coréenne, cet esprit de compétition qu'on n'associe pas naturellement à ce secteur…

Absolument, dans cette société hyper compétitive nous avons appris dès le plus jeune âge qu'il fallait constamment se dépasser pour survivre. C'est particulièrement vrai pour les groupes de K-Pop dont les valeurs restent profondément ancrées dans le confucianisme. En apparence, ces artistes ont l'air très cool, ayant absorbé les codes internationaux. Mais en réalité, ils sont animés par des valeurs différentes de l'Occident, et leur système ne pourrait sans doute pas marcher aux États-Unis. Ces gamins respectent immensément leur maître, sont terriblement déterminés, animés d'une énorme discipline, et obéiront sans broncher à tout ce que leur demandera leur tuteur. Vous n'obtiendrez pas ça d'adolescents américains !

Finalement, les ressorts de la vague coréenne aujourd'hui sont-ils les mêmes que ceux du « miracle économique » ?

Les Coréens ont été obsédés par l'idée de devenir un pays développé, d'être reconnus sur la scène mondiale, via leurs grandes entreprises. Ayant été un « petit pays » et marché, la Corée a toujours dû aller regarder ailleurs, son économie étant guidée par les exportations. Et aujourd'hui cette aspiration se traduit dans le domaine culturel. La société est devenue plus mature, et son attention est passée de la croissance du PIB, des succès de Samsung ou Hyundai à la production artistique. Mais il s'agit de la même énergie : « Tu dois réussir quelque chose ! Et tu seras d'autant plus fier si ton succès se mesure à l'international. » Les Coréens adorent être reconnus, et désormais cela s'applique également à la culture.

BIBLIOGRAPHIE

À lire pour mieux comprendre l'âme de la Corée du Sud :

Corée, voyageurs du matin calme, Récits de voyage 1788–1938,
Loïc Madec et Charles-Édouard Saint-Guilhem (Omnibus, 2006)

Les Coréens,
Pascal Dayez-Burgeon (Tallandier, 2011)

Histoire de la Corée, des origines à nos jours,
Pascal Dayez-Burgeon (Tallandier, 2012)

Séoul, l'invention d'une cité,
Benjamin Joinau (Autrement, 2006)

Scènes de vie en Corée,
Martine Prost (l'Asiathèque, 2014)

Vies ordinaires en Corée du Nord,
Barbara Demick (traduit en français chez Albin Michel, 2010)

Corée du Nord, 9 ans pour fuir l'enfer,
Eunsun Kim et Sébastien Falletti (Michel Lafon, 2012)

Les Sud-Coréens,
Frédéric Ojardias (Ateliers Henry Dougier, 2017)

La Piste Kim, voyage au coeur de la Corée du Nord,
Sebastien Falletti (Éditions Equateur, 2018)

Pourquoi la Corée? la vague coréenne et nous,
Ophélie Surcouf (ouvrage collectif, Atelier des Cahiers, 2021)

À lire en anglais :

Korea, the impossible country,
Daniel Tudor (Tuttle publishing, 2012)

TABLE DES MATIÈRES

Dans la même collection

Pays

Afrique du Sud
Albanie
Allemagne
Angleterre
Argentine
Arménie
Australie
Bhoutan
Birmanie
Brésil
Cambodge
Canada
Chypre
Colombie
Congo
Corée du Sud
Croatie
Cuba
Espagne
États-Unis
Grèce
Hongrie
Indonésie
Iran
Israël
Italie
Japon
Kenya
Laos
Liban
Lituanie
Mexique
Mongolie
Pays-Bas
Pologne
Roumanie
Russie
Rwanda
Sénégal
Serbie
Suisse
Tunisie
Turquie
Vietnam

Régions

- Alsace
- Bretagne
- Camargue
- Catalogne
- Corse
- Crète
- Écosse
- Kurdistan
- Léman
- Marquises
- Montana
- Provence
- Polynésie
- Sicile
- Valais

Villes

- Bordeaux
- Brussels
- Bruxelles
- Grenoble
- Milan
- Nice
- Séville
- Vienne

Hors-série

- Afrique-Méditerranée-Europe
- Europe
- Francophonie

Conception graphique : Aline Baudet
Mise en page : Véronique Lux

Achevé d'imprimer en février 2022
sur les presses de l'imprimerie Jan Verhoeven
à Sint-Pieters-Leeuw, Belgique